OEUVRES

DE BERQUIN.

LYON. — IMPRIMERIE D'ANTOINE PERISSE .

INTRODUCTION

A LA CONNAISSANCE

DE LA NATURE,

IMITÉE DE L'ANGLAIS,

PAR BERQUIN.

PERISSE FRÈRES, IMPRIMEURS-LIBRAIRES

de N. S. P. le Pape et de S. Ém. Mgr le Cardinal-Archevêque de Lyon,

LYON,	PARIS,
ancienne maison	nouvelle maison
GRANDE RUE MERCIÈRE, 33,	RUE SAINT-SULPICE, 38,
ET RUE CENTRALE, 68,	ANGLE DE LA PLACE,

1853

PRÉFACE

ADRESSÉE AUX PARENS.

Tous les livres élémentaires que l'on a composés jusqu'à ce jour, pour faciliter aux enfans l'étude de la nature, supposent en eux les premières connoissances de ses lois et de ses productions. Mais ces premières connoissances, comment pourroient-ils les avoir acquises, s'il n'existe aucun ouvrage où l'on ait cherché à leur en offrir les objets dans un tableau qui, sans fatiguer leur vue encore mal assurée, eût un intérêt propre à captiver leurs regards inconstans ? Toutes leurs idées à ce sujet, ne peuvent donc porter que sur des instrucions rapides, qui, données sans suite, et de vive voix, n'ont dû laisser que de foibles traces dans leur souvenir. Un livre où ces instructions leur seroient présentées avec

ordre, dans une gradation adaptée à celle
de leur curiosité, et au progrès du déve-
loppement naturel de leur intelligence ;
dont le langage seroit assez familier, et le
ton assez agréable, pour leur inspirer souvent le désir d'en reprendre la lecture, et
pour graver ainsi dans leur mémoire les
traits dont ils sont frappés ; un tel livre seroit assurément l'un des plus utiles pour le
premier âge. Tel est le caractère que j'ai
cru remarquer dans l'ouvrage de mistriss
Trimmer, persuadé, comme elle, que les
enfans qui auront pris plaisir à marcher
jusqu'au point où elle s'est proposé de les
conduire, seront animés de la plus vive
ardeur pour s'avancer à grands pas vers de
plus hautes connoissances.

Comme ce point est précisément celui
d'où j'ai dessein de partir, j'ai cru devoir
préparer mes petits compagnons par un
premier exercice de leurs forces, qui leur
en fasse acquérir de nouvelles, et par la
perspective du paysage riant que nous allons parcourir Avant de les engager dans

une terre étrangère, je suis bien aise qu'ils connoissent de mieux en mieux celle où ils ont vécu jusqu'à ce jour, et qu'ils soient bien pénétrés des merveilles placées à la portée de leur vue, mais dont quelques-unes avoient sans doute échappé à leurs regards.

Ce livre, qui est uniquement destiné à l'enfance, auroit trompé l'attente des personnes, dont quelques-unes m'ont gracieusement témoigné qu'elles avoient jusqu'ici partagé le plaisir que je cherchois à procurer à leur jeune famille. Cette considération m'engage à l'offrir séparément en cadeau à mes petits amis. De cette manière, ils pourront profiter d'un ouvrage utile ; et leurs parens n'auront point de reproches à me faire, d'avoir négligé leur propre amusement dans un livre où ils n'avoient pas droit d'attendre que je m'en fusse occupé, comme dans les autres volumes. J'ose me flatter que les mères surtout pourront prendre quelque intérêt à l'*Ami de l'Enfance*, par l'idée qui m'est venue d'y introduire

parmi les personnages , une jeune femme
dont l'éducation a été négligée ; mais qui ,
douée d'un esprit solide et pénétrant , profite des instructions adressées à sa fille ,
pour en orner elle-même son esprit , et acquérir des connoissances qu'on avoit cru
trop long-temps étrangères à son sexe.

INTRODUCTION FAMILIÈRE

A LA CONNOISSANCE

DE LA NATURE.

Nous voici donc enfin arrivées à la campagne, ma chère Charlotte ; et puisque nous sommes si bien disposées à faire ensemble de petites promenades, pour fortifier notre santé par un exercice agréable, j'ai pensé qu'il seroit facile de les faire servir également à étendre nos connoissances. Il n'est pas un seul objet sur la terre qui ne puisse offrir autant d'instruction que d'agrément, lorsqu'on sait l'examiner avec soin ; et je suis persuadée que nous sentirons bientôt, par nos observations, que rien n'a été fait en vain dans la nature.

Henri, votre frère n'est encore qu'un bien petit garçon, il est vrai ; mais il est plein d'intelligence , et doué d'une heureuse mémoire. J'espère qu'il sera en état de comprendre beaucoup de choses dont nous aurons occasion de parler ; c'est pourquoi j'ai le projet de le mettre de la partie. Oh ! je meurs d'envie de le voir aujourd'hui. Il vient de quitter les premiers habillemens de l'enfance ; et j'ose croire qu'il est déjà tout fier de cette métamorphose. Mais, qui vient donc à nous ? Votre servante, monsieur. Comment, c'est vous, Henri ? Comme vous voilà leste et pimpant ! Je ne pouvois deviner quel étoit ce petit-maître que je voyois s'avancer d'un air si délibéré. Maintenant que vous êtes habillé comme un homme, je me flatte que vous commencez à imaginer que vous en êtes un en effet. Mais quoique vous sachiez déjà lire assez joliment , fouetter une toupie, et pousser une balle , je vous assure qu'il vous reste encore beaucoup de choses à apprendre. Je serai charmée de vous faire part de tout ce que je sais. Nous allons , votre sœur et moi , faire un petit tour de promenade dans les champs. Seriez-vous fâché de venir avec nous ? Bon ! Je vois à votre mine que vous ne demandez pas mieux , n'est-ce pas ?

Vous vous souvenez , mes chers enfans,

que dans notre petite course d'hier au soir,
je vous fis observer une grande variété de
plantes et de fleurs. Je vous montrai les
troupeaux qui couvroient les pâturages, et
les oiseaux qui voltigeoient de branche en
branche sur les buissons. Je vous dis le
nom de tout ce qui frappoit nos regards.
Mais il y a un plus grand nombre de choses agréables à connoître à leur sujet. Mon
dessein est de commencer à vous instruire
aujourd'hui, tout en nous promenant.
Charlotte va se disposer à cette expédition;
ainsi, prenez votre chapeau, mon petit
Henri. Nous irons d'abord dans la prairie,
où je suis sûre qu'il se présentera bientôt
quelque chose digne de notre curiosité.

LA PRAIRIE.

Eh bien, mes petits amis, qu'en dites-
vous? N'est-ce pas un endroit charmant?
Quel air de fraîcheur on y respire! Comme
l'herbe en est épaisse et verdoyante! et de
combien de jolies fleurs elle est émaillée!

Je n'ai pas besoin de vous dire quel est
l'usage de cette herbe, qu'on appelle ordinairement gazon; vous avez vu si sou-

vent les vaches, les chevaux et les brebis
s'en repaître ! mais ils ne la mangent pas
toute sur la prairie ; on leur réserve certains quartiers pour le pâturage, et on les
éloigne des autres aussitôt que l'herbe commence à grandir. Elle n'atteint sa parfaite
maturité qu'au mois de juin ; ce que l'on
reconnoît par la couleur jaune qu'elle
prend. Alors les faucheurs la coupent avec
un instrument de fer recourbé , qu'on
nomme une faux ; ensuite viennent des
faneurs qui la tournent et la retournent
avec des fourches de bois, en l'étalant sur
la terre pour la faire sécher au soleil. Elle
prend alors le nom de foin. Dès que le foin
a perdu toute son humidité , et qu'il n'y a
plus de danger qu'il s'échauffe , on le ra-
masse avec des râteaux , et on l'emporte
sur des chariots dans la cour de la ferme,
où il est entassé en grands monceaux,
qu'on appelle meules.

C'est de ces meules énormes que l'on tire
le foin pour le lier en milliers de bottes , et
le donner aux chevaux que l'on tient à l'é-
curie. Il sert aussi dans l'hiver à nourrir
les troupeaux ; car alors il y a bien peu de
gazon pour eux sur la terre, et encore
moins lorsqu'elle est couverte de neige.
Tout cela vient de petites graines qui ne

sont pas plus grosses que des têtes d'épin-
gles ; et les graines sont venues des fleurs
que vous pouvez remarquer à présent à
l'extrémité de la tige.

Dans une prairie, où l'on fauche le foin,
il se détache toujours un grand nombre de
graines, qui, l'année suivante, produisent
le gazon ; mais si l'on veut faire une prairie
dans une pièce de terre neuve, il faut recueillir les graines pour les semer.

Ces jolies fleurs dont vous venez de faire
un bouquet, Charlotte, viennent également
de graines qui se trouvoient mêlées parmi
celles du foin. Voilà des boutons d'or, des
coquelicots et des marguerites de pré. Ces
fleurs sont bonnes pour les troupeaux, et
servent à donner un goût agréable au gazon. Il y en a même qui sont médicinales,
c'est-à-dire, bonnes à composer des remèdes pour une infinité de maladies auxquelles nous sommes sujets.

Ne pensez vous pas, Henri, que le gazon, dont la douce verdure embellit tant
.es campagnes, est en même temps une
production bien utile ? Je suis sûre que
les pauvres troupeaux le diroient encore
mieux que nous, s'ils étoient en état de
parler. Ils n'ont pas de cuisinier pour préparer leurs repas ; ils ne peuvent pas même

faire comprendre ce qui leur est nécessaire. Mais Dieu a su pourvoir à leurs besoins. Vous voyez que leur nourriture s'étend sous leurs pieds, et qu'ils n'ont qu'à se baisser pour la prendre. S'il en coûte à l'homme des soins légers pour la faire venir, c'est bien le moins qu'il donne quelques-uns de ces momens à ces utiles animaux, dont les uns lui épargnent tant de fatigues, et dont les autres le vêtissent de leur laine et le nourrissent de leur chair.

LE CHAMP DE BLÉ.

Maintenant nous allons prendre congé de la prairie, et faire un tour dans le champ de blé. Il y en a de plusieurs espèces. Celui-ci est du froment. Je le reconnois à la hauteur de ses tiges J'espère que nous en aurons une abondante récolte. Elle sera bonne à ramasser dans le mois d'août, qu'on appelle le mois des moissons. J'ai mis dans ma poche un épi de l'année dernière, pour vous montrer tout ce que ceci produira. Froissez-le dans vos mains, Henri. Bon ! soufflez à présent les barbes, et donnez-moi un des grains. Voilà ce qu'on appelle un grain de froment. Vous voyez qu'il y a plusieurs grains dans un épi ? Eh bien, regardez maintenant le pied, vous verrez qu'il vient quelquefois plusieurs tiges, et par conséquent plusieurs épis d'une seule racine ; et cependant toute cette racine provient d'un seul grain qu'on a semé à la fin de l'automne.

Cette semence n'a pas été jetée au hasard, et sans beaucoup de soins particuliers. On avoit commencé par ouvrir la terre en sillons, quelques mois auparavant, avec ce fer tranchant que je vous ai fait remarquer au-dessous de la charrue. Elle est restée en repos tout l'été, et s'est bien pénétrée du fumier qu'on avoit répandu sur les guérets pour l'engraisser ; puis on l'a de nouveau labourée. Enfin, vers le milieu de l'automne, un homme est venu dans chaque sillon y répandre des grains et tout de suite, avec sa herse, il les a recouverts de terre. Ces grains étant enflés et ramollis par l'humidité, il en est sorti en bas de petites racines, qui se sont accrochées dans le sein de la terre ; et, par en haut, de petits tuyaux qui ont percé sa surface en plusieurs branches, de la manière que vous pouvez le remarquer. Ces tuyaux, montés en haute tige, ont

produit les épis , dont chacun renferme à
peu près vingt grains ; en sorte que si vous
comptez, d'après ce calcul, tout le produit des grains dont la semence a réussi ,
vous trouverez qu'il peut en être venu environ vingt fois autant que l'on en a mis
dans la terre. Les épis , cachés encore dans
ces tiges , se développeront peu à peu, se
mûriront au soleil , et ressembleront à celui que vous venez de froisser. Alors on
coupera par le pied , avec une faucille ,
les tiges de paille qui les supportent, et on
les liera en paquets , appelés gerbes , pour
les emporter dans la grange , les battre
avec un fléau , et les vanner , pour séparer les débris de paille du grain. On en-
verra celui-ci au meunier pour le moudre
en farine sous la grosse meule de son mou-
lin à eau , ou à vent. Ensuite la farine sera
vendue au boulanger pour en faire du pain,
et au pâtissier pour en faire des biscuits
et des pâtés.

Imaginez , mes amis , quelle immense
quantité de blé on doit semer tous les ans,
pour fournir du pain à tant de milliers
d'hommes ! Le pain est l'aliment le plus
sain et le moins cher qu'on puisse se procurer. Il y a beaucoup de pauvres gens

qui n'ont guère d'autre nourriture, et qui
n'en ont pas toujours.

Le blé ne viendroit pas, comme le foin,
sans être ensemencé, parce que le grain en
est plus gros, et doit être enfoncé plus profondément dans la terre. Je vous ai dit tout-
à-l'heure les divers travaux que deman-
doient les semailles.

Voici une autre espèce de blé qu'on appelle de l'orge. Je vous en ai aussi apporté
un épi, pour vous la faire distinguer du
froment. Voyez-vous comme il a des barbes longues et fourrées ? Gardez-vous bien,
Henri, de le mettre dans la bouche, car
il s'arrêteroit à votre gosier, et vous étouf-
feroit. L'orge est semée et recueillie de la
même manière que le froment ; mais elle
ne fait pas de si bon pain. Elle est cependant fort utile. Les fermiers la vendent par
boisseaux aux marchands de drèche, qui
la font tremper dans l'eau, pour la faire
germer. Alors on la sèche sur de la cendre
chaude, et elle devient drèche. On y verse
une grande quantité d'eau, puis on y mêle
du houblon, qui lui donne un goût agréable d'amertume, et l'empêche de s'aigrir.
Enfin, en brassant ce mélange, on en fait
de la bière, cette liqueur forte et nourris-
sante qui fait la boisson ordinaire dans

plusieurs pays où il ne croît pas de vin.
L'orge est aussi fort bonne pour nourrir les
dindes, les poules et d'autres oiseaux de
basse-cour.

Je vous ai parlé du houblon. Il croît dans
les champs qu'on appelle houblonnières.
Sa tige monte le long des perches qu'on lui
donne pour la soutenir. Ses fleurs, d'un
jaune pâle, font un effet charmant dans
la campagne. Quand il est mûr, on le sèche ; on en fait des monceaux, et on le
vend aux brasseurs.

Cette troisième espèce de blé est de l'a-
voine. Vous avez vu souvent le palefrenier
en servir aux chevaux pour les régaler et
leur donner du feu. C'est une espèce de
dessert qu'on leur présente après le foin.

Il y a aussi une autre espèce de blé,
qu'on nomme seigle, qui sert à faire le pain
bis que mangent les pauvres. On le mêle
quelquefois avec du froment, et il donne
alors du pain d'un goût assez bon.

Il y a bien des pays qui ne produisent
pas de blé pareil à celui qui vient dans
nos contrées. Par exemple, le blé qu'on
nous a apporté de Turquie, est bien diffé-
rent du nôtre. Sa tige est comme celle
d'un roseau avec plusieurs nœuds. Elle
monte à la hauteur de quatre ou cinq

pieds. Entre les jointures du haut de sa tige, sortent des épis de la grosseur de votre bras, qui renferment un grand nombre de grains jaunes ou rougeâtres, à peu près de la figure d'un pois aplati. La volaille en est très-friande. On le cultive avec succès dans quelque provinces de France, surtout dans les landes de Bordeaux, où il sert à faire du pain pour les misérables habitans.

Vous connoissez aussi-bien que moi le millet que l'on donne aux oiseaux. Il vient en forme de grappes, sur des tiges plus courtes et plus menues que celles du froment. La farine en est excellente, cuite avec du lait.

Je vous ferois venir l'eau à la bouche, si je vous parlois du riz, que l'on prépare aussi avec du lait. Mais croiriez-vous qu'il a besoin d'être presque couvert d'eau pour croître et pour mûrir?

Dans les pays où la terre n'est pas propre à produire du grain, les pauvres habitans sont réduits à se nourrir de fruits, de racines, de gâteaux de pommes de terre, d'une pâte de marrons cuits au four. On est même quelquefois obligé, dans les pays les plus fertiles, d'avoir recours à ces tristes alimens, lorsqu'il survient des années de stérilité. Deux bons citoyens , MM. Parmentier et Cadet de Vaux ont enseigné la meilleure manière de les préparer.

Quelles grâces, mes enfans, nous devons rendre à Dieu , nous qui n'avons jamais éprouvé ces cruels besoins ! J'espère que vous serez touchés de cette réflexion , et que vous vous ferez un devoir de ne jamais gaspiller ce qui feroit la joie de tant de malheureux. Les miettes mêmes que vous laissez tomber, si elles étoient ramassées, pourroient fournir un bon repas à un petit oiseau , et le rendre joyeux pour toute la journée. Comme il s'empresseroit de les partager entre ses petits , qui ouvrent inutilement leurs becs , tandis que leurs parens volent au loin pour leur chercher quelque nourriture ! J'étois bien fâchée hier au soir contre vous, Henri , lorsque vous faisiez des boulettes de pain pour les jeter à votre sœur. J'ose croire que vous ne le ferez plus , maintenant que je vous ai fait connoître le prix de ce présent inestimable du Ciel. J'ai vu des personnes qui avoient prodigalement gâté du pain pendant leur enfance , pleurer dans un âge avancé, faute d'en avoir un morceau

LA VIGNE.

Vous avez bu quelquefois du vin de Champagne et de Bourgogne, sans vous embarrasser de la manière dont il se faisoit. Entrons dans ce vignoble. Eh bien, Henri, croiriez-vous jamais que c'est de ces petites souches tortues que nous vient la douce liqueur qui nous fait tant de plaisir dans nos repas ? Vous connoissez le raisin ? Voyez déjà la grappe qui commence à se former. Ces grains, qui ne sont encore que du verjus, s'enfleront peu à peu, et seront mûrs au commencement de l'automne. Vous en verrez faire la récolte qu'on appelle vendange ; mais je suis bien aise, en attendant, de vous en donner une idée.

Dès le matin, les vendangeuses se répandent dans la vigne, coupent le raisin, et en remplissent leurs paniers. Un homme vient les prendre à mesure qu'ils sont pleins, et va les jeter dans de larges demi-tonneaux, placés sur une charrette pour les recevoir, et les porter à un endroit où des hommes foulent les grappes sous leurs pieds. On recueille la liqueur qui découle du pressoir, et on la verse dans de grandes cuves ou de petits tonneaux, où elle se purifie d'elle-même en fermentant, jusqu'à ce qu'elle devienne bonne à boire.

Le temps des vendanges est un temps continuel de plaisirs et de fêtes. Il faut entendre, pendant le travail, les chansons rustiques des vendangeuses ! Il faut les voir, à la fin de la journée, danser gaîment dans la cour, et les maîtres se mêler souvent à leurs repas et à leurs danses ! tout y respire un air de joie et d'innocente liberté.

Le vin, pris avec modération, est très-bon pour l'estomac, et le fortifie ; mais lorsqu'on en boit avec excès, il produit des vapeurs qui troublent la raison, et rabaissent l'homme au niveau de la brute stupide. Vous avez vu quelquefois des ivrognes, et vous vous souvenez encore de la juste horreur qu'ils vous ont inspirée

LES LÉGUMES

ET LES HERBAGES.

Voudriez - vous me suivre, pour voir ce qui croît dans le champ voisin ? Je crois que ce sont des navets. En effet, je ne me suis pas trompée. Cette racine lorsqu'elle est cuite avec du mouton, fait, comme vous le savez, d'excellens ragoûts. On en sème une grande quantité chaque année pour notre table ; on en donne aussi aux vaches, pour ménager le foin, et parce que d'ailleurs elle leur fait porter une grande abondance de lait.

Les pommes de terre les raves, les ognons, les radis, les carottes, les panais, et plusieurs autres légumes que vous connoissez à merveille, croissent, comme les navets, sous terre. D'autres, tels que les artichauts, les pois, les fèves, les lentilles et les haricots, croissent au dessus. Vous en cultivez vous-mêmes dans votre petit jardin ; ainsi ce seroit plutôt à moi de recevoir vos instructions sur ce chapitre.

Je crois aussi n'avoir rien à vous apprendre sur les herbages et les plantes qui viennent dans le potager, comme les choux, les choux fleurs, les asperges, les laitues, la chicorée, les melons, les concombres, les citrouilles, et une infinité d'herbes agréables au goût, et très-bonnes pour la santé. Tout cela se cultive sous vos yeux, et par les questions que je vous ai déjà entendus faire à Mathurin, je vous suppose complètement instruits sur cet article.

LE CHANVRE ET LE LIN.

Voyez-vous là-bas ces deux grandes pièce de terre couvertes d'une si belle verdure ! L'une est du chanvre, l'autre est du lin. Les tiges de ces plantes, après qu'elles ont été battues et bien préparées, forment la filasse que vous avez vu filer à la vieille Suzon. Le fil de chanvre sert à faire le linge de corps et de ménage. Le fil de lin, qui est d'une plus belle qualité, se réserve pour la toile de batiste. On l'emploie aussi pour faire de la dentelle et du filet. Votre fourreau, Charlotte, votre chemise et vos manchettes, Henri, croissoient autrefois dans les champs.

J'oubliois de vous dire que la filasse de chanvre sert encore pour toute espèce de câbles, de cordes et de ficelles.

On a essayé, en quelques endroits, de tirer partie de ces vilaines orties qui piquent si bien les passans; et l'on en fait un fil grossier, mais très-fort, qui pourroit servir à faire des toiles communes.

LE COTON.

Au défaut de ces plantes, on cultive le coton dans quelques îles de l'Amérique, et surtout dans les grandes Indes. C'est d'abord un duvet léger, qui entoure les graines d'un arbre appelé arbre à coton. Le fruit qui les renferme en plusieurs petites loges, est à peu près de la grosseur d'une noix, et s'ouvre en mûrissant. Alors on le recueille, et le coton, séparé des graines et du fruit, devient, après quelques préparations, cette espèce de filasse douce et blanche dont vous m'avez vue mettre quelquefois de petits tampons dans mes oreilles et dans mon écrin. La partie la plus gros-

sière se file en gros brins pour les mèches
de nos lampes et de nos bougies. Le reste,
filé en brins presque aussi déliés que vos
cheveux, s'emploie pour la fabrique des
basins, des mousselines et des toiles de
coton.

Vous voyez, mes chers amis, quelle variété de matériaux nous a fournie la Providence, et comme le génie de l'homme a su
les employer à des objets d'agrément ou
d'utilité. L'écorce même des arbres, par un
travail et une adresse incroyables, se con-
vertit en étoffes précieuses sous les doigts
de ces sauvages, qui nous paroissent si
ignorans. Je me souviens de vous avoir
montré des ouvrages en plumes et en ré-
seau dont ils se parent dans leurs fêtes, et
comme nous avons admiré leur patience
et la légèreté de leur travail.

LES HAIES.

Ne sentez-vous pas une odeur bien douce ?
Regardez à travers la haie, Henri, et voyez
si vous pourrez découvrir ce qui la produit.
Ah, Charlotte ! quelles jolies roses sauvages
votre frère vient de cueillir ! Comment

donc ? un brin d'aubépine aussi ! Ce brin est bien précieux ! C'est peut-être le seul qu'on pourroit trouver, car tout le reste a passé fleur. Quel charme, au printemps, de respirer des parfums délicieux jusque sur les buissons et sur les ronces ! Ces plaisirs viennent de passer pour nous ; mais ceux des petits oiseaux vont commencer. Ils trouveront bientôt dans ces broussailles des fruits pour se nourrir jusqu'au milieu de l'hiver.

Le fermier plante des haies autour de son domaine, pour empêcher les voyageurs et les animaux d'aller au travers de ses champs, où ils pourroient causer beaucoup de dommage. Elles lui servent aussi à distinguer sa terre de celle de son voisin. Les troupeaux y trouvent dans l'été un ombrage contre les ardeurs du midi, et dans l'hiver, un abri contre le souffle glacé du nord.

LES ARBRES.

DE HAUTE FUTAIE.

Le beau chêne que voilà , mes amis! comme son ombrage s'étend à propos pour nous garantir des traits du soleil ! Voyez quel nombre infini de glands attachés à ses branches ! Vous savez bien quel est l'animal qui se régale de ce fruit ? Mais ne pensez pas que le chêne majestueux ne soit bon à autre chose qu'à lui fournir des provisions. Il est d'un plus grand usage pour nous , ainsi que je vous le dirai tout-à l'heure. Mais laissez-moi d'abord contem pler un moment cet arbre superbe ; je ne puis me rassasier de le voir. Avec quelle fierté sa tête s'élève dans les airs ! Et sa tige ! trois hommes , en se tenant par la main , ne sauroient l'embrasser. Il pousse chaque année des milliers de rameaux et des millions de feuilles. Il a de grandes racines qui s'enfoncent bien avant dans la terre , et qui s'étendent au loin autour de lui. Elles le soutiennent contre les violentes tempêtes que son front est obligé d'essuyer.

C'est aussi par ses racines que la terre le nourrit, et entretient la fraîcheur et la vie dans tous ses membres énormes.

Eh bien, Henri, n'est-ce pas une chose bien admirable que ce grand arbre soit sorti d'une petite semence ? Regardez, en voici un tout jeune. Il est si petit, Charlotte, que vous aurez la force de l'arracher vous-même. Tenez, voyez-vous ? voilà le gland encore attaché à sa racine. C'est pourtant ainsi que sont venus tous les arbres qui peuplent cette belle forêt que nous traversâmes l'autre jour dans notre voyage. Ce chêne seul, si tous ses glands avoient été recueillis chaque année, et plantés avec soin, auroit déjà pu suffire à couvrir de ses enfans et de ses petits-enfans la face entière de la terre.

Lorsque le chêne ou les autres arbres qu'on appelle aussi de haute futaie, tels que le frêne, l'orme, le hêtre, le sapin le châtaignier, le noyer, etc. seront parvenus au terme de leur croissance, un bûcheron viendra les couper par le pied avec sa cognée. On dépouillera le tronc de ses branches, et les scieurs le scieront en différens morceaux, pour en faire des madriers propres à la construction des vaisseaux, des poutres pour les maisons, ou

des planches pour les uns et les autres,
ainsi que pour différentes sortes de meubles et de machines. Les grosses branches,
les plus droites, seront réservées pour les
solives; celles qui sont crochues, pour les
bûches; les branchages, pour les fagots;
enfin, les racines donneront les souches
que l'on brûle dans nos foyers. Vous voyez
par là de quelle utilité les arbres sont pour
nous dans toutes leurs parties. Le pauvre
Henri les trouveroit bien à dire, car les
toupies, les sabots, les battoirs sont tirés
de leur sein. Il n'est pas même jusqu'à leur
écorce dont on sait faire un usage utile pour
les teintures, et pour tanner le cuir de vos
souliers.

Un autre avantage de ces arbres, c'est
qu'ils croissent d'eux-mêmes, sans demander aucun soin, et qu'ils nous donnent pour
rien l'aspect de leur belle verdure et la fraîcheur de leur ombrage. Voyez comme les
petits oiseaux se reposent en chantant sur
leurs branches! combien ils doivent être
contens, la nuit, de trouver un abri sous
leurs feuilles! Nous-mêmes, si une pluie
abondante venoit à tomber, ne serions-
nous pas bien heureux de nous y mettre à
couvert? pourvu cependant qu'il n'y eût
pas d'apparence d'orage; car dans les ora-

ges, les arbres attirent quelquefois le tonnerre : ce qui rend alors leur approche très-dangereuse.

Lorsqu'il y a plusieurs arbres rassemblés sur une vaste étendue de terrain, cet endroit s'appelle bois, ou forêt. Si cet endroit est fermé de murailles, et dépend d'un château, on l'appelle parc. Les bosquets ou bocages sont de petites forêts.

LES BOIS TAILLIS.

Ces mêmes arbres dont nous venons de parler, lorsqu'on les coupe avant qu'ils soient parvenus à leur hauteur naturelle, forment ce qu'on appelle un bois taillis. Ce sont ordinairement les rejetons qui poussent sur les vieilles racines dans une forêt que l'on vient d'abattre. On les coupe après cinq ou sept ans, les uns pour le chauffage, les autres pour servir d'échalas à la vigne, ou pour faire les cercles des cuves et des tonneaux. Cette récolte, qui peut se faire de cinq en cinq ans, s'appelle coupe réglée

LE VERGER.

Outre ces arbres, il en est d'autres nommés arbres fruitiers. Je parierois, avec confiance, que nous aurons plus de plaisir encore à nous en entretenir. Entrons dans le
verger. Voilà les fruits qui grossissent. Ce
seroit vous faire injure que de vouloir vous
les faire connoître. Si petits que vous soyez,
je pense que personne au monde ne distingue mieux que vous les poires, les pommes, les pêches, les cerises, les prunes,
les abricots et les brugnons. Les arbres
étendus en éventail contre la muraille s'appellent, comme vous savez, espaliers, et
les autres, arbres à plein vent. Les premiers
rapportent plus sûrement, et de plus beaux
fruits, parce que, dans les gelées, on peut
les couvrir avec des nattes de paille, et que
la muraille, échauffée par le soleil, avance
leur maturité. Les seconds passent pour
avoir leur fruit d'un goût plus fin et plus
délicat. Nous aurons, j'espère, beaucoup
de fruit cette année. Ne souhaiteriez-vous
pas, Henri, qu'il fût déjà mûr ? Patience ;
il le sera bientôt, et vous en mangerez tant
qu'il vous plaira dans le temps. Mais gar-

dez-vous bien d'y toucher tant qu'il est vert, car il vous rendroit malade peut-être pour toute l'année.

Vous vous rappelez, mes chers amis, combien les arbres à fruits paroissoient beaux, il y a trois semaines, lorsqu'ils étoient en pleine fleur ? Les fleurs sont maintenant passées, et les fruits croissent à la place. Ils deviendront plus gros de jour en jour, jusqu'à ce que la chaleur du soleil les colore et les mûrisse ; et alors ils seront bons à cueillir.

Les pommes et les poires peuvent se garder dans leur état naturel pendant tout l'hiver ; mais les autres fruits tournent bientôt en pourriture, et il faudroit renoncer à en manger après leur saison, si l'on n'avoit trouvé le moyen de les conserver en les faisant sécher au four, ou en les mettant dans de l'eau-de-vie, ou enfin en les faisant bouillir avec un sirop composé d'eau et de sucre. C'est de cette dernière façon que l'on fait les marmelades et les gelées qu'on trouve si bonnes dans l'hiver, et surtout dans les maladies.

Il y a quelques fruits renfermés en de dures coquilles, comme les noix, les amandes, les noisettes, les châtaignes, etc. Vous les connoissez aussi-bien que les arbres qui

les portent ; mais vous ne connoissez pas un
autre arbre de la même espèce, parce qu'i'
ne vient pas dans ce pays : c'est le coco-
tier. Il est très-haut et fort droit, sans
branches ni feuillages autour de sa tige.
Seulement vers le sommet il pousse une
douzaine de feuilles très-larges, dont les
Indiens se servent pour couvrir leurs maisons, pour faire des nattes et pour d'autres usages. Entre les feuilles et l'extrémité
de sa pointe, il sort quelques rameaux de
la grosseur de mon bras, auxquels on fait
une incision, et qui répandent, par cette
blessure, une liqueur très-agréable, dont
on fait l'arack. Ces rameaux portent une
grosse grappe, ou paquet de cocos, au
nombre de dix à douze.

Cet arbre rapporte trois fois l'année, et
son fruit, dont vous avez goûté l'autre
jour, est aussi gros que la tête d'un homme. Il en est dont le fruit n'est pas plus
gros que votre poing, et qui sert, entre
autres usages, à faire des cuillers à punch.

Il y a aussi une espèce d'amande, appelée cacao, qui vient dans les Indes occiden-
tales et au midi de l'Amérique. L'arbre qui
la produit ressemble un peu à notre cerisier.
Chaque cosse renferme une vingtaine de
ces amandes, de la grosseur d'une fève,

dont on fait le chocolat, avec d'autres ingrédiens. Le meilleur cacao nous vient de
Caraque, dont il porte le nom.

LES PÉPINIÈRES

ET LA GREFFE.

Les arbres ont généralement trois manières de se reproduire ; par les graines, pe-
pins ou noyaux cachés dans l'intérieur de
leur fruit, par les petits rejetons pris sur
leurs vieilles racines, ou par les boutures
coupées de leurs branches, et plantées en
terre pour s'y enraciner.

L'endroit où l'on rassemble ces élèves,
la douce espérance du jardin, s'appelle pé-
pinière. C'est comme un collége pour les
enfans des arbres, où l'on veille sur leur
croissance, et où l'on s'étudie à les préserver de mauvais penchans.

Les jeunes arbres, qu'on nomme sauva-
geons, ne porteroient que de mauvais
fruits, si l'on n'avoit soin de les greffer.
Voici comme on s'y prend. On coupe d'a-
bord le haut de leur tige, pour les empêcher de s'élever davantage ; puis un peu
au-dessous, des deux côtés, on fait une
petite incision à l'écorce ; et, dans cette

ouverture , on glisse un bourgeon pris
d'un autre arbre , avec une petite partie
de son écorce , pour remplir le vide qu'on
a fait dans celle du sauvageon. On les lie
étroitement ensemble , et l'on recouvre la
blessure de mousse , pour empêcher l'air
d'y pénétrer. Le bourgeon , recevant sa
nourriture de l'arbre , s'unit avec lui , et
il pousse bientôt des branches qui , s'éten-
dant de tous côtés , forment la tète de l'arbre , et portent des fruits exquis.

Cette opération , l'une de plus curieuses
du jardinage , se varie de plusieurs manières. J'aurai soin de parler à Mathurin, pour
le prier , lorsqu'il en sera temps , de la
faire en votre présence.

LES FLEURS.

Charlotte , si vous n'êtes pas fatiguée ,
nous irons voir nos fleurs. Pour Henri ,
c'est un homme ; et il lui siéroit mal de se
plaindre. Je pense même qu'il seroit en
état de se tenir sur ses pieds du matin au
soir. Venez, monsieur , prenez la clef du
jardin , et ouvrez la porte Voici , je crois,

l'endroit le plus agréable que nous ayons jamais vu.

Quel est l'objet qui va d'abord captiver nos regards ? Que sais-je ? Il se trouve ici une si grande variété de beautés, que l'on hésite à laquelle donner la préférence. Vous admiriez les fleurs des champs ; mais celles-ci les surpassent encore.

Regardez ces tulipes, ces giroflées, ces œillets, ces jonquilles, ces jacinthes et ces renoncules. La blancheur de ce lis ou de cette tubéreuse, efface celle de la plus belle batiste. Prenez la plus petite fleur : en la regardant de près, vous la trouverez aussi jolie et aussi curieuse que les plus grandes. N'oublions pas, surtout, la modeste violette, la première fille du printemps. Charlotte, cueillez-moi, je vous prie, une de ces roses à cent feuilles. C'est bien avec raison que pour son doux parfum et sa couleur brillante, on la nomme la reine des fleurs. Joignez-y quelques brins de lilas, de jasmin, de muguet et de chèvre-feuille. Quel agréable mélange de douces odeurs dans un si petit bouquet ! Je ne vous permettrai pas d'en cueillir davantage ; ce seroit une pitié de les gâter. Le jardinier nous en a apporté ce matin pour parer notre appartement. Elles se conserveront par la fraîcheur de l'eau qui baigne leurs tiges, au lieu que la chaleur de vos mains les auroit bientôt fanées.

Avez-vous pris garde que chaque fleur a des feuilles différentes de celles des autres ; que quelques-unes sont bigarrées de toutes les couleurs que vous pouvez nommer, et découpées en festons les plus délicats ? En un mot, leurs beautés sont trop multipliées, pour qu'on puisse vous les compter. Quand vous serez en état de lire les ouvrages d'Histoire naturelle, vous serez étonnés de tout ce qu'elles offrent d'admirable. Mais vous êtes trop jeunes pour pouvoir comprendre ces livres à présent. Cependant je ne dois pas omettre de vous dire que toutes les fleurs viennent ou de graines, ou d'ognons, ou de petites racines détachées des grandes, ce qu'on appelle marcottes.

Aucune de celles qui croissent ici, ne viendroit à l'aventure dans les champs, parce que la terre n'y est pas assez riche pour elles. Il faut prendre beaucoup de peine pour les faire venir, même dans un jardin. Le jardinier est obligé de leur donner des soins continuels. Il faut surtout qu'il n'oublie pas de les arroser chaque jour. La terre et l'eau sont pour les fleurs, ce que la viande et le vin sont pour les hommes. Mais comme elles sont muettes et attachées à une place, elles ne peuvent aller chercher des rafraîchissemens, ni les demander. Le Créateur a pourvu à leurs besoins par les douces ondées du printemps ; ou le jardinier qu'il instruit, répand sur elles, avec son arrosoir, une pluie bienfaisante.

Quelques plantes tendres et délicates ne viennent que dans une terre extrêmement légère. Elles ne pourroient percer à travers un terrain trop dur, pas plus que vous ne pourriez passer votre tête à travers une épaisse muraille. D'autres plantes sont fermes et vigoureuses ; c'est pourquoi une terre légère s'ébouleroit autour d'elles, et laisseroit leurs racines découvertes ; aussi celles-là réussissent mieux sur un sol d'argile. Quelques-uns demandent une grande quantité d'eau, elles viennent même dans les fosses et les puisards. D'autres enfin ne se plaisent que dans un terrain sablonneux.

On élève plusieurs plantes curieuses dans des serres chaudes. Elles ne croîtroient pas en plein air dans ce pays, parce qu'elles sont transplantées de pays étrangers, où il fait beaucoup plus chaud. Quoique vous

soyez d une constitution plus robuste que
les fleurs , si vous étiez obligés d'aller dans
un pays où le froid est beaucoup plus vif
que dans celui-ci , vous ne seriez pas en
état de le supporter comme ceux qui sont
nés sous ces climats.

LES CARRIÈRES.

DE ce que je viens de vous dire , mes
chers amis , vous devez conclure qu'il y a
une grande variété dans ce qui croît sur la
surface de la terre ; mais quelle seroit votre
admiration , si vous connoissiez tout ce
qu'elle renferme au-dessous ! C'est de son
sein qu'on a tiré les grès qui pavent nos
rues et nos grands chemins , et ce joli gra-
vier d'un jaune rougeâtre répandu sur les
allées pour en bannir l'humidité , et faire
un contraste agréable avec le vert tendre
de la charmille. La porcelaine et la faïence
de notre buffet ; la poterie commune , d'un
si grand usage dans la cuisine ; les briques
dont nos appartemens sont carrelés ; les tui-
les qui couvrent nos toits; tout cela n'est que
de la terre , d'une pâte plus ou moins fine,
pétrie et cuite au four. Nos verres et nos

bouteilles , les vitrages de nos fenêtres , sont du sable fondu. Vous avez vu quelquefois dans vos promenades , bâtir des maisons ? Eh bien , la chaux , le mortier , le plâtre , le ciment qu'on a mis entre les pierres pour les lier ensemble et les affermir , venoient du sein de la terre : ces pierres elles-mêmes entassées les unes sur les autres jusqu'à une si grande élévation au-dessus de nos têtes , étoient ensevelies à de grandes profondeurs sous nos pieds. Il en est ainsi du marbre qui pare nos consoles et nos cheminées, et de l'ardoise qui couvre nos pavillons. Les endroits creusés pour en retirer ces divers matériaux, s'appellent carrières.

LES MINES

DE CHARBON ET DE SEL.

Il est des pays où , en creusant à certaines profondeurs, on trouve dans une espèce de carrière appelée mine , le charbon de terre que vous avez vu souvent décharger à la porte du serrurier notre voisin. Il n'est guère d'usage à Paris que pour les

forges ; mais il sert dans plusieurs provinces de France, ainsi que dans des royaumes entiers , à faire le feu de la cuisine et
celui des appartemens.

Le charbon de bois ne vient point dans
la terre ; mais il s'y fait dans de grandes
fosses, où l'on jette du bois pour le faire
brûler. Lorsqu'il est bien enflammé , on le
recouvre afin de l'éteindre , avant qu'il soit
au point de se réduire en cendres.

Il est aussi des mines de différentes espèces de sel , qu'il est inutile de vous nommer encore. Je ne vous parlerai que du sel
commun. En quelques endroits le sel de
ces mines est si dur, qu'on peut le tailler
comme du marbre , et en faire des sta-
tues. Ce qu'il y a de singulier , c'est que
le feu le fait fondre encore plus prompte-
ment que l'eau. Le sel nous vient plus com-
munément de l'eau de mer qu'on fait entrer dans une espèce de bassin peu profond , et qu'on laisse évaporer au soleil.
Quand l'eau est tout évaporée , le sel
reste en croûte dans ces bassins qu'on appelle salines.

LES MINES DE MÉTAUX.

Je ne vous ai pas dit la moitié des richesses qui se trouvent dans les entrailles de la
terre : on en tire l'or, l'argent, le cuivre, le
fer, le plomb et l'étain. C'est ce qu'on appelle métaux.

Regardez ma montre ; elle est d'or, ainsi
que les louis, les doubles louis et les demi-
louis. On peut battre l'or, et l'étendre en
feuilles plus minces que du papier. L'es-
pagnolette de mes croisées, les sculptures
de mon salon, les chenets de mon foyer,
ne sont pas d'or, quoique vous ayez pu
l'imaginer ; on n'a fait que les couvrir de
ces feuilles d'or légères. L'or est le plus
précieux de tous les métaux.

L'argent, quoiqu'inférieur à l'or, est cependant très-estimé. Cet écu et ces petites
pièces de monnoie, sont d'argent. On l'emploie aussi pour les flambeaux, la vaisselle
plate et une infinité d'autres ustensiles,
dont les gens riches font usage. L'argent,
couvert d'une feuille d'or, s'appelle ver-
meil.

Le cuivre sert à faire les sous, les liards

et toute la basse monnoie. On l'emploie aussi ordinairement pour faire nos poëlons, nos casseroles et nos chaudières. Mais l'usage en seroit très-dangereux, si l'on n'avoit la précaution de les doubler d'étain en dedans ; ce qu'on appelle étamer.

Le fer est le métal le plus commun, mais le plus utile. La plupart des instrumens dont on se sert pour la culture de la terre et pour les différens métiers, sont de fer. L'acier est une espèce de fer raffiné et purifié dans la trempe, par le mélange de quelques ingrédiens. Les couteaux, les ciseaux, les rasoirs, les aiguilles, sont d'acier.

Le plomb est aussi d'un très-grand usage. Vous savez combien il est pesant. On en fait des réservoirs pour contenir l'eau, des tuyaux pour l'amener des sources, des gouttières pour ramasser la pluie qui dégoutte des toits, et la conduire hors de la maison. On en fait aussi des poids pour les balances, les tournebroches et les horloges.

L'étain est un métal blanchâtre plus mou que l'argent, mais plus dur que le plomb. Il sert à faire des bassins, des écuelles, des assiettes et des cuillers pour les gens qui n'ont pas le moyen d'en avoir d'argent.

Tous ces différens métaux se trouvent
en mines dans la terre. On y trouve aussi
ce qu'on appelle les demi-métaux , tels
que le vif argent dont on couvre le derrière
des miroirs , le zinc, l'antimoine, etc. que
l'on mêle avec les métaux , pour en faire
des métaux composés ; comme le laiton ,
le bronze , etc.

LES MINES

DE PIERRES PRÉCIEUSES.

C'est encore dans la terre que l'on trouve
es pierres précieuses, telles que le diamant
qui est proprement sans couleur , le rubis
qui est rouge , l'éméraude qui est verte , le
saphir qui est bleu. Je ne vous parle que
des principales, parce que le détail en seroit trop long. Elles ne paroissent point si
brillantes lorsqu'on les tire de la mine. Il
faut autant de patience que de travail pour
les tailler et les polir. Regardez les diamans
de cette bague : vous voyez qu'ils sont
taillés à plusieurs facettes : c'est afin que
la lumière , se réfléchissant d'un plus grand
nombre de points, leur donne plus d'éclat.

Il est une espèce de caillou que l'on taille aussi en forme de diamant, pour en garnir des boucles et des colliers ; mais il est bien loin d'avoir le même feu. On le reconnoît à sa transparence plus terne. C'est ce qu'on appelle pierres fausses.

Vous voyez, mes amis, qu'il n'est pas une seule chose qui ne puisse servir à satisfaire agréablement notre curiosité, lorsqu'on sait l'examiner avec attention. Quelle folie de se plaindre de n'avoir rien pour se divertir, lorsqu'on peut trouver de l'amusement dans tous les objets de la nature ! Mais si vous n'êtes pas fatigués, je pense que vous devez avoir faim ; et je crains que notre dîner ne se refroidisse. Ainsi hâtons-nous de gagner la maison. Je vous en ai dit assez pour occuper votre mémoire jusqu'à demain, où je me propose de faire avec vous une autre promenade.

LES BŒUFS.

Bonjour, Charlotte ; je ne vous attendois pas de si bonne heure. Je me flatte, par cet empressement, que mes instructions d'hier vous furent agréables. Avez-vous vu

Henri ce matin ? Allons voir s'il est levé.
— Comment, petit paresseux, n'avez-vous
pas de honte d'être encore au lit ? La matinée est charmante. Votre sœur et moi,
nous voulons en profiter pour faire une
petite promenade. Si vous désirez être de
la partie, il n'y a pas de temps à perdre.
— Fort bien ; vous voilà prêt. Faites votre
prière, et partons.

Ne vois-je pas là-bas la laitière qui trait
les vaches ? Comme ces pauvres animaux
paroissent joyeux en paissant dans la verte
prairie ! J'imagine que l'herbe leur est aussi
agréable que des confitures le seroient pour
vous. Voyez de quels bons vêtemens ils sont
pourvus ! Comme ils ne peuvent pas s'en
faire eux-mêmes, la nature leur en a donné
qu'ils portent sur le dos, dès leur naissance, et qui grandissent avec eux.

Tous les animaux qui, comme ceux-ci,
ont quatre pieds, s'appellent quadrupèdes.
Ils ne se tiennent point debout. Cette posture grotesque avec quatre jambes, leur
seroit en même temps incommode, parce
que leur nourriture est attachée à la terre,
et qu'ils seroient à tout moment obligés de
se baisser pour la prendre ; ce qui les fati-
gueroit terriblement. D'un autre côté, s'ils
n'avoient que deux jambes, ils ne pour-

roient guère mouvoir leurs corps, beaucoup
plus pesans que les nôtres. Vous voyez de
quelle dure corne leurs pieds sont armés.
Sans cette chaussure naturelle, ils seroient
bientôt déchirés jusqu'au sang. Les grandes cornes pointues qu'ils ont sur la tête,
leur servent de défense contre ceux qui
voudroient les attaquer.

Savez-vous de quelle grande utilité sont
pour nous les vaches et les bœufs ? Je vais
vous le dire. Ne courez pas, Henri ; voyez
comme votre sœur est attentive !

Les vaches, ainsi que vous le voyez, donnent du lait en grande quantité. Il sert à
faire la crême, le beurre et le fromage. On
le met, pour cela, reposer dans de grandes jattes. Quelques heures après, la crême
épaissie s'élève au-dessus. On retire cette
couche avec de grandes cuillers, et il s'en
forme bientôt une seconde, que l'on retire
de même. Lorsqu'on l'a toute recueillie,
on la met dans une espèce de petit tonneau, qu'on appelle baratte, et on la remue fortement avec un battoir passé dans
le trou du tonneau, jusqu'à ce qu'à force
de s'épaissir, elle devienne du beurre. Le
reste est du lait de beurre, qui est très-bon
pour les enfans.

Le fromage mou et toutes les autres es-

pèces de fromage se font également avec
le lait. Je vous menerai quelque jour dans
la laiterie, pour être témoins de ces différentes préparations.

Remarquez bien ce superbe taureau :
c'est le bœuf le plus vigoureux de la trou-
pe, et le père de tous ces petits veaux qui
tetoient encore leurs mères il y a quelques
jours, et qui commencent à présent à paî-
tre auprès d'elles.

Mais d'où vient ce nuage de poussière
sur le grand chemin ? Ah ! c'est un trou-
peau de bœufs qui passe. N'en soyez point
effrayée, Charlotte. Remarquez comme ils
souffrent patiemment qu'on les pousse à
coups d'aiguillon. Un seul homme suffit à
les gouverner, tant ils sont dociles ! Il va
les conduire au marché, où les bouchers
les attendent pour les acheter. Lorsqu'ils
seront tués, leur chair sera vendue à nos
cuisinières pour notre dîner ; et leurs peaux
seront vendues aux tanneurs, qui en feront
du cuir, nécessaire aux cordonniers pour
les souliers et les bottes, et aux selliers
pour les selles, les brides et les harnois.
Leurs cornes mêmes ne nous seront pas
inutiles. On en fera des peignes et des
lanternes.

Il est des pays où les bœufs n'ont rien à

faire qu'à s'engraisser paisiblement, pour
être conduits ensuite à la boucherie. En
d'autres endroits, leur vie est aussi labo-
rieuse que celle du cheval. On ne monte
pas, il est vrai, sur leur dos ; mais on en
joint deux ensemble de front, et on leur
attache autour des cornes, avec de fortes
courroies, le timon d'une charrette ou d'un
traîneau, ou le joug d'une charrue ; et on
les voit tirer avec force les fardeaux les plus
lourds, et labourer profondément la terre
la plus dure

LES BREBIS.

Regardez ces innocentes brebis, avec ce
fier bélier à leur tête, et ces jolis agneaux
à leur côté. Quelle paisible famille ! Douces
créatures ! vous êtes aussi pourvues de bons
habits. Ils vous seront d'un grand secours
dans l'hiver et dans les nuits fraîches, où
vous êtes obligées de coucher à la belle
étoile, au milieu des champs. Mais ils vous
donneroient trop de chaleur dans l'été. Eh
bien, ne craignez pas ; on trouvera le
moyen de vous en débarrasser sans vous
faire souffrir Aussitôt que les chaleurs

étouffantes seront venues, le fermier vous réunira toutes ensemble dans la prairie. Alors de jeunes bergères viendront avec de larges ciseaux, vous délivrer adroitement du poids incommode de votre toison. Vous sortirez de leurs mains plus légères, et vous courrez sautant et bondissant comme de petits garçons qui ôtent leurs habits pour jouer dans la campagne.

La laine des brebis et des moutons est très-précieuse. On la vend aux cardeurs, qui la dégraissent ; et de pauvres femmes, qui vivent dans des chaumières, la filent. N'avez-vous pas vu l'honnête Gothon, assise devant sa porte, chanter de vieilles romances en tournant son rouet, heureuse de penser qu'on la payeroit assez bien pour l'empêcher de demander l'aumône ?

Lorsque la laine est filée, puis tordue, les bonnetiers en font des bonnets ou des bas, et les tisserands en font des étoffes pour nos vêtemens, ou des couvertures pour nos lits dans l'hiver.

Les pauvres moutons ne seroient pas si fringans, s'ils savoient qu'ils doivent être, comme les bœufs, vendus aux bouchers. Ne pensez-vous pas qu'il est cruel de tuer ces innocentes creatures ? En effet, mes enfans, c'est une pitié Mais si l'on n'en tuoit pas quelques-uns, il y en auroit bientôt un si grand nombre, qu'ils ne sauroient trouver assez d'herbage pour subsister, et que plusieurs par conséquent, seroient réduits à mourir de faim. Du moins, tant qu'ils vivent, ils sont aussi heureux qu'ils peuvent l'être. Ils ont de belles pâtures pour s'y nourrir et pour y jouer. En marchant à la boucherie, ils ne savent pas encore ce qu'on va leur faire. Lorsqu'on leur coupe la gorge, ils ne sont pas long-temps à mourir, et en expirant, ils n'ont pas le chagrin de laisser après eux des parens qui s'affligent, ou qui souffrent de leur perte.

Nous sommes obligés de les tuer pour soutenir notre vie, mais nous ne devons jamais être cruels envers eux, tant qu'ils sont vivans.

La peau de mouton sert à faire le parchemin qui couvre votre tambour, Henri; et la basane qui couvre votre livre, Charlotte.

LE CHEVAL.

On conduit aussi les chevaux au marché pour les vendre, non pas aux bouchers mais aux maquignons qui les dressent. Leur chair n'est bonne à rien, c'est de la charogne : elle ne sert qu'à rassasier les loups et les corbeaux. Le cheval est une noble créature. En voilà un de selle. Voyez comme il se dresse, et comme il bondit, maintenant qu'il est en liberté ! Mais quoiqu'il soit très-vigoureux, qu'il puisse renverser celui qui le monte, en s'élevant sur ses pieds de derrière, et le tuer d'une ruade, il est si doux, qu'il se laisse monter et guider où l'on veut. Son corps étant moins lourd que celui du bœuf, il a des jambes plus menues, en sorte qu'il se meut plus légèrement, et, sa croupe étant moins large, un homme peut aisément l'embrasser entre ses genoux. Il a aussi de la corne aux pieds ; mais, comme il est grand voyageur, elle seroit bientôt usée, si l'on n'avoit le soin de lui donner des souliers de fer, pour empêcher qu'elle ne se brise. C'est le maréchal qui fait sa chaussure, et qui la lui attache avec des clous. Cette opération faite avec adresse , ne lui cause aucune douleur.

Ne souhaiteriez-vous pas , Henri, de savoir monter à cheval? Lorsque vous serez plus grand , on vous apprendra cet utile exercice. Mais gardez-vous bien de l'essayer avant d'en avoir reçu des leçons , cette épreuve pourroit vous coûter la vie.

Il y avoit un petit garçon de ma connoissance , qui brûloit d'envie de monter à cheval , et qui n'eut pas la patience d'attendre que son papa lui eût acheté un joli petit bidet proportionné à sa taille. Il vit un jour le cheval du domestique attaché à la porte. Le voilà qui détache la bride , grimpe sur la selle , et donne à son coursier un grand coup de baguette. Le cheval part aussitôt au galop , et l'emporte avec tant de vitesse , que le pauvre petit malheureux , incapable de retenir la bride et d'atteindre jusqu'aux étriers, perdit bientôt la selle , et fut renversé contre une pierre qui lui fracassa tout le crâne. Le cheval n'étoit pourtant pas vicieux , lorsqu'il avoit un cavalier habile sur son dos. Tout le mal venoit de ce que le petit insensé ne savoit pas le conduire.

Ces deux grands chevaux rebondis , d'une taille haute et d'une superbe encolure, sont destinés pour le carosse. Ils sont plus forts, mais moins légers que l'autre. Ceux-ci, avec leurs jambes velues et leur crin négligé, sont des chevaux de charette Il y a une autre espèce de chevaux très-fins et très-légers : ils portent leurs maîtres à la chasse, ou sont réservés pour les courses; mais ils sont très-coûteux à entretenir.

Nous ne saurions faire à pied un long voyage, parce que nos jambes seroient bientôt fatiguées ; au lieu que sur le dos d'un cheval nous pouvons parcourir bien des lieues, et voir nos amis qui vivent à une certaine distance de notre maison. Il est aussi fort agréable d'aller en voiture, vous le savez bien : mais ces plaisirs, nous ne pourrions pas nous les procurer sans les chevaux. Comment nous passer aussi de leurs secours dans une infinité d'autres circonstances. Il seroit excessivement pénible pour les hommes les plus vigoureux, de faire ce que les chevaux ordinaires font avec facilité. Le pauvre laboureur, qui suit tout le long du jour sa charrue, est bien fatigué le soir, lorsqu'il rentre dans sa chaumière. Que seroit-ce donc, s'il étoit obligé de la traîner lui-même à travers son champ, sur une terre dure et raboteuse? Comment les

voituriers seroient-ils en état de tirer ces
grands fourgons et ces lourdes charettes
qu'ils conduisent, s'ils n'y employoient la
force des chevaux? Puisqu'il nous ren-
dent de si grands services, ne devons-
nous pas les bien traiter? Je crois que le
moins que nous puissions faire, est de
leur donner, dans le jour, une bonne
nourriture, et une écurie bien close la
nuit. Gardons-nous surtout d'imiter ces
personnes barbares qui les poussent trop
rudement à la course, qui leur donnent
des coups de fouet et d'éperon, jusqu'à
ce qu'ils soient près de mourir! Cependant de pareilles cruautés sont exercées
chaque jour. Souvenez-vous bien, Henri,
qu'il est également cruel et insensé d'agir
de cette manière.

L'ANE.

Voila un pauvre âne. Il fait une figure
bien triste auprès d'une aussi belle créature que le cheval. Ne le méprisez pourtant pas à cause de sa mine : il a un grand
mérite, je vous assure. Il est aussi patient
qu'officieux, et il n'en coûte que bien peu
pour le nourrir. Il se contente de quelques

chardons qu'il broute le long des chemins,
ou même de quelques feuilles sèches et
d'un peu de son. Il ne demande ni écurie
pour le loger, ni palefrenier pour le pan-
ser ; en sorte que les pauvres gens qui ne
sont pas en état de nourrir un cheval peuvent avoir un âne. Il tirera fort bien sa
petite charette, ou portera sa paire de
paniers. Il ne dédaignera pas même de
prêter son dos à un ramoneur. N'avez-
vous pas vu de ces petits savoyards aux
dents blanches et à la face noircie, grim-
pés sur un âne avec des sacs de suies,
qu'ils portent aux teinturiers ?

Je ne dois pas oublier de vous dire que
le lait d'ânesse est un des meilleurs remèdes
pour les maladies de poitrine. J'ai vu des
personnes si foibles, qu'on les croyoit con-
damnées à mourir, reprendre à vue d'œil
leur santé, pour en avoir bu le matin pendant quelque temps. Ne seroit-il pas affreux de traiter avec inhumanité des animaux si utiles ? Je ne pardonnerai, je crois,
de ma vie, à un petit polisson, que j'ai vu
tourmenter une de ces pauvres créatures
de la manière la plus cruelle.

LE CHIEN.

Laissez-moi regarder à ma montre. Ho, ho ! huit heures passées. Il est temps de retourner à la maison pour déjeûner. Voilà Champagne qui venoit nous avertir. Médor est avec lui. Vous êtes bien content de nous trouver, n'est-ce pas, Médor ? Nous sommes aussi bien aises de vous voir, je vous assure. Vous êtes un brave et fidèle compagnon. Voyez comme il remue sa queue, et comme il frétille ! il nous regarde d'un air si joyeux, que l'on croiroit démêler un sourire sur sa physionomie. Dans le temps où nous sommes au lit, et profondément endormis, Médor fait sentinelle, et ne permet pas aux voleurs d'approcher de la maison. Lorsque votre papa est à la chasse, Médor court d'un côté et d'autre à travers les champs, et fait lever le gibier, pour que votre papa le tire. Quoiqu'il soit très-courageux, et qu'il exposât sa vie pour défendre son maître, si on osoit l'attaquer, il est d'un si bon naturel, qu'il laisse les petits enfans jouer avec lui sans les mordre, pourvu cependant qu'ils ne lui fassent pas de mal.

Le brave Médor ne demande d'autre récompense de ses services, que de petites
caresses, une légère nourriture, et la per-
mission de nous accompagner quelquefois
dans nos promenades. Il mérite bien notre
attachement par celui qu'il nous témoigne :
aussi a-t-il été de tout temps le symbole
de la fidélité.

LE CERF.

Voulez-vous traverser le petit parc en re-
tournant à la maison ? J'en ai heureusement la clef. Voyez, Henri, ce beau cerf,
avec ces cornes rameuses ! N'admirez-vous
pas sa taille légère et son air noble et fier ?
Voyez là-bas ces petits faons qui bondis-
sent ! Si leste que vous soyez, je parie que
vous ne pourriez jamais cabrioler comme
eux.

Cette espèce d'animaux n'est entretenue
que par ceux qui ont des parcs fermés de
hautes murailles. Ils aiment trop l'indépen-
dance pour s'arrêter dans les champs,
comme les vaches et les brebis.

Les grands seigneurs prennent souvent
plaisir à chasser le cerf. Ils le lâchent hors

du parc, et détachent à ses trousses une meute nombreuse de chiens. Leurs aboie-mens furieux, les cris et le son du cor des piqueurs qui les guident, le saisissent d'une telle épouvante, qu'il se sauve devant eux de toute la vitesse de ses jambes agiles. Les chasseurs, montés sur des chevaux dressés à cet exercice, se mêlent aussi à la pour-suite ; et ils sont si animés dans leur cour-se, qu'ils sautent au-dessus des haies et à travers les fossés pour l'atteindre. Il les conduit quelquefois dans un circuit im-mense ; mais enfin, ses jambes fatiguées refusent de le porter plus loin. On le voit haletant de lassitude et de frayeur, s'arrê-ter tout-à-coup, et menacer de ses cornes les chiens dont il est assailli. Après un long combat, ceux-ci le saisissent, le déchi-rent, jusqu'à ce qu'il meure.

Je suppose qu'il y a du plaisir à le suivre et à voir la légèreté de sa course ; mais je pense qu'il faudroit laisser la pauvre créa-ture retourner dans sa demeure, pour la dédommager de la terreur qu'elle doit avoir éprouvée, et la payer de l'amusement qu'elle a procuré.

Ces mêmes personnes s'amusent aussi quelquefois à chasser le lièvre. Elles vont dans les champs avec leurs chiens, qui découvrent bientôt son gîte, quelque adroit qu'il soit à se cacher. Lorsqu'il se voit en danger d'être saisi, il s'élance, et court avec toute la légèreté dont il est pourvu, pratiquant dans sa fuite plusieurs ruses pour se sauver. Mais toutes ces ruses sont inutiles. Il succombe enfin d'épuisement, et subit le même sort que le cerf, ou périt sous les traits du chasseur.

Je ne sais quel est le plaisir de la chasse, Henri ; mais je souffrirois tant pour la pauvre petite bête effarouchée, que ce sentiment détruiroit toute ma jouissance. Il me semble que j'aurois encore plus de joie d'en sauver un de sa détresse.

Maintenant, allons prendre notre déjeûner. Je crois que cette promenade vous le fera trouver bon. Il n'est rien comme l'air et l'exercice pour aiguiser l'appétit.

LE CHAT.

Tandis que nous déjeûnons, j'ai quelques nouvelles à vous dire, Charlotte. Votre favorite Minette a fait des petits. Ils sont ici dans un panier. Appelez-la pour laper un peu de lait, et alors nous pourrons les re-

garder à notre aise. Entendez comme ils
miaulent ; voyez comme ils tremblotent.
Ils ne peuvent pas y voir encore ; mais dans
neuf jours leurs yeux seront ouverts, et
alors ils commenceront à faire mille tours
de souplesse. Lorsque leur mère leur aura
appris à attraper les souris, elle les laissera
pourvoir d'eux-mêmes à leur subsistance ;
et au lieu de se donner la moindre inquiétude à leur sujet, elle leur allongera un
bon coup de pate sur le museau, s'ils
osoient prendre des libertés avec elle. Mais
elle sera une bonne mère pour eux, aussi
long-temps qu'ils auront besoin de ses secours. Ils n'ont pas droit de prétendre
qu'elle leur attrape des souris pendant
toute leur vie, lorsqu'ils seront aussi adroits
qu'elle à cette chasse.

Les souris sont de jolies petites créatures ; mais elles font beaucoup de dommage, aussi-bien que les rats. Si nous n'avions
pas de chats pour les détruire, nous en serions bientôt désolés.

Je n'aurois jamais fini, si je voulois dé-
nombrer toutes les espèces d'animaux qui
vivent sur la terre. Mais je ne dois pas oublier de vous dire qu'il y a un grand nombre de bêtes féroces, telles que les lions,
les tigres, les léopards, les panthères, les

ours et une infinité d'autres. Comme leurs peaux font de bonnes fourrures pour les personnes qui vivent dans les pays froids, les chasseurs, assemblés en grand nombre et pourvus de bonnes armes, se hasardent à les poursuivre avec d'autant plus de confiance, que les bêtes sauvages vont rarement par troupes.

Quelquefois on vient à bout de les prendre vivantes, lorsqu'elles sont jeunes, et on les montre dans les foires, comme des curiosités. Ceux qui en ont soin, ont une manière de les élever qui leur fait perdre, en grande partie, leur férocité naturelle. Il n'y a aucune bête, si féroce qu'elle soit, qui ne puisse être adoucie, et domptée par l'homme ; témoin cet ours qui dansoit hier sous nos fenêtres.

Il est plusieurs autres animaux très-curieux, que j'ai vus à la ménagerie du Jardin des plantes, où je me propose de vous mener un jour. Je ne vous parlerai que de deux seulement, pour vous inspirer la curiosité de connoître les autres, lorsque vous serez un peu plus formés.

L'ÉLÉPHANT.

L'ÉLÉPHANT est le plus grand des animaux qui vivent sur la terre. Sa force est prodigieuse ; mais son naturel est très-doux, et il se laisse aisément gouverner par la voix de l'homme.

Il porte sur le museau une grande masse de chair qu'on appelle trompe, parce qu'elle est creuse et allongée comme une trompette. Il l'étend et la recourbe de mille manières, et s'en sert comme d'une espèce de main, pour prendre sa nourriture et la porter à sa gueule. Il la manie avec tant d'adresse, qu'il parvient à déboucher une bouteille, et à ramasser à terre la moindre pièce de monnoie. Elle est assez forte pour soulever de grosses pierres et déraciner des arbres.

Nous lisons dans l'histoire, que c'étoit autrefois l'usage d'employer les éléphans dans les batailles. Ils portoient sur leur dos de petites tours de bois remplies de soldats, qui, de cette hauteur, lançoient au loin des traits et des javelots. Quand le combat s'animoit, l'éléphant, harcelé par l'ennemi, entroit en fureur, enfonçoit les rangs, et écrasoit sous ses pieds tous ceux qui osoient lui disputer le passage.

Voudriez-vous monter sur un éléphant, Henri ? Certes vous y feriez une aussi belle figure que la poupée de Charlotte sur un grand cheval.

Les dents de l'éléphant ont quelquefois plus de dix pieds de longueur. Ce sont elles qui nous fournissent tout l'ivoire employé à faire quelques-uns de vos bijoux, vos peignes, le manche de votre couteau, et une infinité d'autres ustensiles.

LE CHAMEAU.

LE chameau est une autre grande créature. Nous n'en avons point dans ce pays, si ce n'est ceux que l'on y amène à dessein de les montrer dans les rues pour de l'argent.

Au milieu des contrées où vivent les chameaux, il y a de vastes déserts sablonneux, où l'on ne trouve ni une hôtellerie pour se reposer, ni même un arbre pour se mettre à l'abri des traits brûlans du soleil. Cependant les marchands sont dans

la nécessité de traverser ces sables arides.
pour porter les marchandises qu'ils veulent vendre d'une contrée à l'autre. Il leur
seroit impossible de traîner eux-mêmes de
si lourdes charges ; et les chevaux dont ils
pourroient faire usage , seroient réduits à
périr de soif, parce qu'on ne trouve point
d'eau sur la route. Le chameau se charge
des fardeaux les plus pesans , les porte avec
autant de patience que de légèreté , et ne
demande point de rafraîchissement dans
sa marche. Lorsqu'il est parvenu au terme
du voyage , il s'agenouille de lui-même ,
afin que son maître puisse atteindre à la
hauteur de son dos pour le décharger.

Je pourrois vous dire des choses éton-
nantes d'une quantité d'autres animaux ;
mais j'espère que vous aurez assez de curiosité pour vous instruire un jour dans des
livres d'histoire naturelle , de tout ce qui
les concerne.

LA POULF

Sı vous avez fini le déjeûner , et que vous
ne sentiez pas de fatigue , nous irons dans
la basse-cour. Prenons chacun une poi-

gnée de grain : je suis sûre que nous serons
bien venus.

Voyez quelle nombreuse couvée de
poussins a cette poule blanche ! Elle prend
autant de soin d'eux , que la femme la plus
tendre , de ses enfans. Henri , ne cherchez
point à attraper les petits poulets ; elle vo-
leroit sur vous. Hier encore , ils étoient
dans la coquille. Elle avoit posé ses œufs
dans un panier, au coin de la volière. Elle
les a couvés pendant trois semaines , et ne
les a quittés qu'un moment à la dérobée
pour manger , de peur qu'ils ne périssent
de froid , s'ils étoient privés de la chaleur
qu'elle leur communique. Aussitôt qu'ils
ont été assez forts , ils ont rompu la coquille , et sont sortis d'eux - mêmes. Elle
leur apprend déjà à fouiller du bec dans la
terre, pour y chercher du grain et des ver-
misseaux. Lorsqu'elle craint que quelqu'un
n'ait envie de leur faire du mal , elle s'é-
lance sur lui avec la fureur et le courage
d'un lion. Pauvre poule , que vas-tu devenir ? Voyez-vous cet oiseau de proie qui la
guette ? Oh , comme cette tendre mère est
effrayée ! Les petits poussins se couchent
sur le dos, attendant à tout moment d'être
emportés dans les serres de leur ennemi.
Leur mère court autour d'eux dans des an-

goisses mortelles ; car il est trop fort pour qu'elle puisse le combattre. Allez, Henri, appelez Thomas, et dites-lui d'accourir tout de suite avec son fusil. Va, ma pauvre poule, l'épervier n'aura pas tes petits. — Maintenant que nous l'avons chassé, viens chercher le grain que nous t'avons apporté pour ta famille.

Nous avons besoin d'œufs, Charlotte ; voyez s'il y en a dans le poulailler. Bon, vous en avez trois. Ils sont pondus d'aujourd'hui. Il n'y a pas encore de poulet vivant dans la coquille ; mais, si nous les laissions quelque temps sous la poule, il viendroit un poulet dans chacun. Toute espèce de volaille et d'oiseau vient aussi d'œufs, plus ou moins gros, suivant la grosseur de l'animal qui les produit.

Il est possible de faire éclore les œufs dans des fours ; et j'ai lu que c'étoit l'usage ordinaire en Egypte. Aussitôt que les jeunes poussins sortent de leur coquille, ils sont mis sous la tutelle d'une poule, qui, ayant été dressée à cet emploi, les conduit et les élève, béquetant pour eux avec la même tendresse que si elle étoit leur véritable mère. Certainement c'est une chose très-curieuse ; mais je suis bien loin d'approuver ces procédés contre nature. Nous

pouvons bien avoir un nombre suffisant
de poulets par la méthode naturelle , si
nous leur donnons les soins qu'ils demandent. Je suis ravie de savoir qu'on a voulu
essayer., dans ce pays , de faire naître les
poulets dans des fours , et qu'on a rejeté
ce moyen.

Il y a une autre coutume aussi bisarre ,
mais qui cependant est très-commune parmi nous ; c'est de mettre des œufs de cane
couver sous une poule. Vous auriez peine à
concevoir la détresse que cela occasione à
cette seconde mère. Ignorant l'échange
qui a été fait , elle suppose qu'elle a couvé
ses propres petits ; car elle n'a pas assez
d'intelligence pour réfléchir sur cet objet.
C'est pourquoi , lorsqu'elle voit les canetons se plonger dans l'eau , suivant leur
instinct, elle est saisie pour eux des craintes les plus vives , tremblant qu'ils ne se
noient. Cependant elle n'ose les suivre ,
parce qu'elle ne sait pas nager. Vous auriez pitié de la pauvre bête, en la voyant
courir autour de la mare, appelant ses
nourrissons , et remplissant l'air de ses
plaintes.

Il est fâcheux d'être obligé de tuer les
pauvres poulets ; mais, comme je vous l'ai
dit au sujet des bœufs et des moutons , si

nous les laissions tous vivre , ils mour-
roient de faim , ou nous réduiroient au
même danger , en mangeant tout le grain
de nos provisions ; en sorte que nous n'aurions plus ni pain ni viande pour soutenir
notre vie. Mais nous prendrons soin de les
bien nourrir , de ne pas les tourmenter ,
et lorsque nous les tuerons , nous les ferons souffrir le moins possible. Je ne pourrois jamais me résoudre à égorger de mes
mains une créature vivante ; je plains ,
sans les condamner , ceux qui , par état ,
sont forcés d'exécuter cette cruelle opération.

Les poules ont les pates armées d'ongles
très-pointus , pour pouvoir fouiller dans le
fumier et devant la porte des granges , où
elles trouvent toujours une provision suffi-
sante de grains. Leurs pieds ont aussi plusieurs jointures ; en sorte qu'en dormant,
la nuit , elles se tiennent fortement accrochées aux juchoirs ; ce qui les empêche de
tomber pendant leur sommeil.

Les coqs , leurs maris, ont autant de courage que de beauté , de force et d'orgueil.
Ils combattent quelquefois entre eux jusqu'à ce que l'un ou l'autre reçoive la
mort. Il y a , en Angleterre , des gens assez

cruels pour trouver de l'amusement dans ces meurtres.

Ils prennent deux de ces belles créatures, et attachent à leurs jambes des éperons d'acier très-aigus ; ensuite ils les mettent au milieu d'une place ronde, couverte de gazon, et se tiennent tout autour, criant, jurant et faisant des paris insensés, tandis que les deux fiers combattans se déchirent de blessures si cruelles, qu'ils meurent quelquefois sur la place. Oh, Henri ! j'espère que vous ne prendrez jamais part à ces jeux barbares. Je vois que votre cœur se révolte au seul récit que je vous en fais. Je pourrois encore vous dire que ces spectacles ont causé souvent la ruine de ceux qui risquoient leur fortune sur l'événement du combat ; mais je me flatte qu'avant de devenir homme, vous prendrez des sentimens d'humanité qui vous en éloigneront pour toujours, sans avoir besoin de ce motif.

Je veux vous parler d'une autre espèce de barbarie exercée sur les coqs par de méchans petits garçons. Le jour du mardi gras, ils s'assemblent par bandes et conviennent de jeter, tour-à-tour, des bâtons à l'une de ces innocentes créatures. Le premier tire, et lui casse quelquefois une jambe.

Cela est réparé, à ce qu'ils disent, par un
morceau de bois qu'ils lient tout autour
pour la soutenir. Le second lui crève peut-
être un œil ; le troisième lui brise peut-
être une aile, et rarement un coup manque de lui casser quelqu'un de ses membres délicats. Aussi long-temps qu'il lui
reste de forces, l'oiseau tourmenté cherche à s'échapper de ses bourreaux ; mais
la violence de la douleur le force bientôt
de tomber. S'il montre le moindre signe
de vie, il a de nouveaux tourmens à souffrir. Ils mettent sa tête dans la terre pour
le ranimer, à ce qu'ils prétendent. La
malheureuse volatile se débat, de peur
d'étouffer, et la persécution recommence.
Quelques coups de plus achèvent ce jeu
barbare. Elle tombe tout-à-fait morte, tan
dis que ses meurtriers triomphent sur son
cadavre, et s'appellent eux-mêmes de petits
héros. Que pensez-vous de ces enfans,
Henri ? N'y a-t-il pas bien plus de plaisir
à voir ce noble oiseau béquetant à la porte
de la grange, ou perché sur son fumier,
battant des ailes et poussant des cris de
joie, que de le voir déchiré d'une maniére
si cruelle ; de voir ses yeux, jadis si pleins
de feu, maintenant éteints sous sa pau-

pière mourante , et son beau plumage souil-
lé de boue et de sang ?

LE PAON , LE COQ-D'INDE ,

LE FAISAN, LE PIGEON.

Éloignons de notre esprit de si tristes
images , pour reposer nos regards sur ce
paon majestueux. Avez-vous vu jamais une
plus brillante parure ? Avec quel orgueil il
étale en forme de roue sa queue étoilée !
On diroit que le soleil se plaît à la faire
étinceler des plus riches couleurs. Une de
ses plumes est tombée à terre. Examinez-
la bien ; plus vous la regarderez de près ,
plus elle vous paroîtra admirable. Ses pieds
ne sont pas, à beaucoup près , si beaux ;
tant il est vrai qu'on ne possède jamais
tous les avantages !

La chair du paon est assez bonne à manger. Elle servoit même autrefois dans les
festins d'appareil de la chevalerie. Mais
qui pourroit se résoudre à égorger un si bel
oiseau ?

Ne soyez pas effrayé de ce coq-d'Inde ,
Henri. Il a l'air fanfaron ; mais il ne pos-

sède en effet que très-peu de courage
Marchez à lui sans crainte ; il fuira devant
vous. Une taille haute , vous le voyez, n'annonce pas toujours un grand cœur.

Cet oiseau nous vient de l'Inde ; mais il
s'est fort bien naturalisé dans ce pays, et sa
chair est d'un très-bon goût.

Ne croiriez-vous pas que l'on a peint et
doré le plumage de ces faisans de la Chine ?
Ils sont moins beaux que le paon ; mais ils
sont plus variés. Voyez aussi quelle diversité de couleurs dans ces pigeons. Les plumes de tous ces oiseaux nous servent pour
mille embellissemens dans notre parure.
Et jusqu'à celles du hibou, il n'en est pas
qui ne soient dignes d'occuper nos regards,
d'exciter notre admiration et de satisfaire
notre curiosité.

LE CYGNE , L'OIE, LE CANARD.

Prenez garde , Henri ; n'approchez pas
tant du bord du canal. Venez à mon côté.
Bon ! donnez-moi la main. Nous sommes
assez près pour être à portée de voir ce
cygne superbe. Comme il navigue majes-
tueusement sur les eaux , sans en troubler

la surface ! Voyez-le déployer de temps en temps ses ailes argentées, et plonger son cou long et recourbé. Voyez sa compagne· avec quelle fierté elle conduit sa naissante famille ! Ses petits ne sont encore que d'un gris cendré ; mais bientôt l'œil sera ébloui de la blancheur de leur plumage.

Cette pauvre oie, qui ressemble tant au cygne pour la forme, est bien loin d'avoir sa grâce et sa beauté ! Elle ne fait que criailler d'une voix rauque et clapissante, et se dandiner niaisement dans sa lourde allure. Gardons-nous toutefois de la mépriser, pour n'avoir pas les avantages extérieurs de sa rivale. Le cygne n'a rien à nous fournir que son duvet pour nos houpes à poudrer, nos manchons, la garniture de nos robes et de nos pelisses. L'oie, au contraire, nous donne sa chair pour nos repas, et nous lui sommes en quelque sorte redevables de tous les livres de science et d'agrément que nous lisons, puisqu'avant d'être imprimés, ils ont d'abord été écrits avec des plumes tirées de ses ailes.

Regardez à présent cette cane, suivie de sa jeune couvée de canetons. Où courent-ils donc ainsi d'un air si empressé ? Bon : les voilà tous dans l'eau. Voyez avec quelle assurance ils y plongent ! Vous auriez, j'imagine, une belle frayeur à leur place.

Le cygne, l'oie et le canard sont des oiseaux aquatiques, et vivent sur l'eau et sur la terre. Remarquez, je vous prie, leurs pates : vous verrez que toutes les parties en sont liées ensemble par une mince membrane. Il en est de même de tous les oiseaux d'eau. Ils les emploient comme ces rames dont vous avez vu les bateliers se servir pour conduire leur chaloupe.

LES OISEAUX DE PASSAGE.

Il est plusieurs espèces d'oiseaux, appelés oiseaux de passage, tels que les grues, les canards sauvages, les pluviers, les bécasses, les hirondelles, etc. qui ne résident pas constamment dans un même endroit, mais qui vont de pays en pays, cherchant un climat favorable, suivant les différentes saisons de l'année. Ils se réunissent tous ensemble en un certain jour marqué, et prennent leur vol en même temps. Plusieurs traversent les mers, et volent jusqu'à trois cents lieues ; ce que l'on auroit de la peine à croire, sans le témoignage répété de plusieurs voyageurs dignes de foi

OISEAUX ÉTRANGERS.

Je ne finirois pas de la journée, si j'entreprenois de vous peindre les oiseaux qui vivent dans ce pays. Que seroit-ce donc si je voulois vous entretenir de tous ceux que l'on a reconnus sur les différentes parties de l'univers ? Il est des livres fort amusans, où l'on a fait leur histoire, et où vous pourrez les voir représentés avec leurs couleurs naturelles. En attendant que vous soyez en état de lire ces ouvrages avec fruit, je me borne à vous parler de deux oiseaux seulement, et je choisirai le plus petit et le plus grand de toute l'espèce, le colibri et l'autruche.

LE COLIBRI.

La nature semble avoir pris plaisir à former la taille élégante du colibri, et à rassembler sur son plumage les plus belles couleurs dont elle a peint celui des autres oiseaux. Les nuances en sont si délicates et si bien mélangées, que son coloris semble varier à chaque nouveau coup d'œil.

Sa queue est composée de neuf plumes,
qui vont s'allongeant en éventail; et les
deux dernières sont deux fois plus longues
que tout son corps. Le mâle porte sur sa
tête une petite huppe, où sont réunies
toutes les teintes qui brillent sur ses ailes.
Les yeux sont noirs, et étincellent de vivacité. Son bec, de la grosseur d'une aiguille, est long et un peu courbé. Sa langue, qu'il en fait sortir bien au dehors,
lui sert à pomper, jusqu'au fond du calice
des fleurs, la rosée qui les baigne, ou à
gober les petits insectes qui s'y réfugient.
Il se nourrit aussi de la poussière des fleurs
d'orange, de citron et de grenade, qu'il
recueille en voltigeant comme un papillon,
presque toujours sans s'y reposer. Son vol
est si rapide, qu'on entend cet oiseau plutôt qu'on ne le voit. Le mouvement de ses
ailes produit un bourdonnement pareil à
celui des grosses mouches. Il se balance
comme elles dans l'air, et paroît quelquefois y rester immobile.

Dans les contrées où les fleurs n'ont
qu'une saison, on dit qu'à la fin de leur
règne, il se tapit sur la branche d'un arbre, et y reste dans un état d'engourdissement jusqu'à leur retour; mais dans les

pays où les fleurs se succèdent sans cesse, on a le plaisir de le voir toute l'année.

Il aime à suspendre son nid aux rameaux des orangers, qui ne plient certainement pas sous la charge. Ces nids, dont la forme est celle d'une demi-coque d'œuf, sont construits avec de petits brins d'herbe sèche, et tapissés d'une espèce de coton très-fine et très-douce. La femelle ne pond que deux œufs de la grosseur d'un pois, qu'elle couve avec beaucoup de soin et de tendresse. Quand les petits sont éclos, ils ne paroissent pas plus gros que des mouches. Peu à peu ils se couvrent d'un duvet aussi léger que celui des fleurs, et bientôt après de plumes brillantes.

Lorsque le père et la mère s'éloignent pour aller leur chercher de la nourriture, certains oiseaux qui sont très-friands de la couvée, veulent profiter de cette absence pour saisir leur proie ; mais les parens sont toujours au guet ; ils reviennent, prompts comme l'éclair, poursuivent intrépidement l'ennemi de leur jeune famille, et lorsqu'ils peuvent l'atteindre, ils ont l'adresse de se cramponner sous son aile, et le percent, avec leur bec affilé, de mille blessures.

La manière de les prendre, est de leur

jeter une poignée de gros sable lorsqu'ils volent à une petite portée , ce qui les étourdit, ou de leur tendre des baguettes enduites d'une glu luisante. Les petits friands y volent avec avidité; mais leurs langues, leurs pates et leurs ailes s'y empetrent , et les chasseurs qui les épient , les saisissent , avant qu'ils aient pu se débarrasser.

Un voyageur raconte à leur sujet une histoire intéressante , que vous ne serez sûrement pas fâchés d'apprendre ; je le devine par votre attention à m'écouter.

Un de ses amis ayant pris un nid de ces oiseaux , les mit dans une cage à la fenêtre de sa chambre. Le père et la mère qui voltigeoient de tous côtés pour les retrouver , ne tardèrent pas à les reconnoître ; et ils venoient d'abord leur apporter à manger à travers les barreaux. Bientôt ils se rendirent assez familiers pour rentrer librement dans la chambre , puis dans la cage , pour manger et dormir avec leurs petits. Ils prirent tant d'amitié pour le maître de la maison , qu'ils alloient quelquefois tous les quatre ensemble se percher sur son doigt, criant *serep, serep, screp ,* comme s'ils eussent été sur une branche d'arbre. On leur faisoit une bouil

lie de biscuit, de vin d'Espagne et de sucre. Ils venoient y passer légèrement leur
langue, et quand ils étoient rassasiés, ils
voltigeoient dans la maison et au dehors,
revenant à tire d'aile au moindre son de
la voix de leur père nourricier. Il les con-
serva de cette manière pendant cinq ou
six mois, dans la douce espérance d'avoir
bientôt de nouveaux rejetons de cette jolie
famille ; mais ayant oublié un soir d'atta-
cher la cage où ils se retiroient, à un cor-
don suspendu au plancher, pour les garantir des rats, il eut la douleur de ne plus
les retrouver le lendemain à son réveil.

On a trouvé le secret de leur conserver
si bien, même après leur mort, le vif éclat
de leurs couleurs, que les femmes du pays
les portent à leurs oreilles en guise de gi-
randoles. On fait aussi de leurs plumes,
de belles tapisseries et des tableaux char-
mans.

L'oiseau-mouche, ainsi nommé à cause
de sa petitesse, est de l'espèce du colibri.

L'AUTRUCHE.

L'AUTRUCHE tient, parmi les oiseaux, le même rang que l'éléphant parmi les quadrupèdes. Elle est la plus grande de toute la gent volatile. Sa hauteur égaleroit celle de Henri debout sur un cheval. Son cou est très-allongé, sa tête fort menue, l'un et l'autre couverts de poils au lieu de plumes. Ses yeux sont presque aussi grands que les nôtres, relevés d'une paupière mobile, et garnis de cils. Son corps, dont la grosseur est loin de répondre à la grandeur de sa taille, est monté sur des cuisses sans plumes jusques aux genoux, et sur des jambes très-hautes, qui se terminent en pieds de corne, semblables à ceux des chameaux, mais avec des griffes très-fortes. La nature lui ayant donné des ailes trop courtes, et des plumes trop molles pour pouvoir s'élever dans les airs, elle sait en user comme d'une voile pour accélérer sa course, aidée d'un vent favorable. Ces ailes sont armées, chacune à leur extrémité, de deux ergots qui lui servent de défense.

L'autruche est très-vorace, et se nourrit

de tout ce qu'elle rencontre ; c'est de là
que l'estomac d'autruche est passé en proverbe. Elle pond plusieurs fois l'année, et
chaque fois, douze à quinze œufs fort gros,
qu'elle dépose dans le sable pour que le
soleil les échauffe pendant la journée ; le
soir, à son tour, elle se charge de ce soin
dans les pays où les nuits sont froides. La
coque de ces œufs acquiert avec le temps
une si grande dureté, qu'on la travaille
comme l'ivoire, pour en faire des coupes
très-solides.

Ces oiseaux se réunissent dans les déserts
en troupes nombreuses, qui, de loin, ressemblent à des escadrons de cavalerie. Leur
chasse est un des plus grands plaisirs des
seigneurs de la contrée. Ils les poursuivent,
montés sur des chevaux barbes de la plus
grande vitesse, avec lesquels toutefois ils
ne pourroient les atteindre, s'ils n'avoient
la précaution de les pousser contre le vent,
et de lâcher à leurs trousses des levriers
pour leur couper le chemin et les arrêter
un peu. Elles font des crochets dans leur
fuite comme les lièvres.

Les chasseurs emploient quelquefois une
ruse plaisante pour les attraper. Ils se revê-
tent d'une peau d'autruche, élèvent et
réunissent leurs bras dans le cou, et la

font jouer, ainsi que la tête et les autres
membres, à la manière des véritables autruches ; celles-ci approchent, ou se laissent approcher sans défiance, et se trouvent prises à l'improviste.

La tête de ces oiseaux n'étant défendue
que par un crâne très-mince, c'est cette
partie qu'ils cherchent à mettre en sûreté,
laissant le reste de leur corps à découvert.
Toute leur force est dans leur bec, dans
les piquans du bout de leurs ailes, et surtout dans leurs pieds. Ils peuvent renverser
un homme d'une ruade. On prétend même
qu'en fuyant, ils lancent des pierres avec
une extrême roideur.

Les autruches sont d'un naturel très-
sauvage. Cependant, à force de soins, on
vient à bout de les apprivoiser, et de les
monter comme un cheval. On a vu une
jeune autruche porter deux nègres à la fois
sur son dos, avec plus de rapidité que le
plus léger coureur des courses de Vin-
cennes.

Les plumes d'autruche se blanchissent
et se teignent en diverses couleurs. On les
prépare pour servir de parure à la coiffure
des femmes, aux chapeaux des militaires,
et aux casques des acteurs sur le théâtre,
comme aussi pour orner l'impériale des lits

et les dais d'église. Les plumes des mâles
sont les plus estimées, parce qu'elles sont
plus larges, plus épaisses, et qu'elles prennent mieux la couleur que celles des fe-
melles.

Les plumes grisâtres qu'elles ont sous le
ventre, fournissent aux fourreurs des gar-
nitures de robes et de manchons.

LES NIDS D'OISEAUX.

Regardez entre ces arbres, Charlotte.
N'est-ce pas le petit Jules, que je vois venir à notre rencontre? Oh! c'est bien lui :
je le reconnois à ses gambades. Il me pa-
ro.t, à cette allure, qu'il a des nouvelles
agréables à nous annoncer. Il porte quelque chose. Qu'avez-vous donc là, mon enfant? Un nid d'oiseaux? Fi! comment, dérober à ces pauvres créatures ce qui leur a
coûté tant de peines et de travail! Les petits, dites-vous, s'en étoient déjà envolés.
A la bonne heure. Henri, prenez doucement ce nid dans votre main, et regardez-
le avec attention. Je vous dirai comment
les oiseaux l'ont construit.

Deux d'entr'eux sont convenus de vivre

ensemble ; car s'ils ne peuvent pas s'exprimer comme nous, ils savent fort bien se
faire entendre l'un à l'autre. Ils ont prévu
que le printemps leur donneroit des petits,
et leur premier soin a été de leur bâtir d'a-
vance une jolie habitation. Après avoir
cherché sur les arbres ou dans les buissons,
l'endroit le plus propre à s'établir, ils ont
commencé l'édifice par le dehors, entrela-
çant avec leurs becs des brins de bois et
de paille, et remplissant tous les vides avec
de la mousse et du crin ramassés dans la
campagne. Ensuite ils ont tapissé l'intérieur
de légers flocons de laine, de duvet, de
plumes et de coton. La femelle a pondu ses
œufs sur ce lit douillet, et pendant quelques jours les a tenus constamment ré-
chauffés de la douce chaleur de ses ailes,
tandis que le mâle l'animoit par ses caresses dans des soins si tendres, ou que,
perché sur une branche voisine, il la ré-
jouissoit de ses plus jolies chansons. Enfin
les petits sont éclos. Aussitôt leurs parens
pleins de joie, se sont empressés de leur
aller chercher de la nourriture, et sont revenus en la broyant dans leur bec. Les petits, entendant le bruit de leurs ailes, ont
soulevé la tête, se sont mis à crier tous à
l'envi : *chirp*, *chirp*, comme pour dire

à moi, à moi. Aucun, grâces à Dieu, n'en
a manqué. Afin de les garantir de la fraîcheur des nuits, la mère a continué de les
couvrir de ses plumes, et, dès l'aurore, le
père a volé leur chercher une nouvelle
nourriture. Ainsi se sont comportés ces tendres parens, jusqu'à ce qu'ils aient vu les
petits en état de se soutenir sur leurs ailes.
Alors ils les ont instruits à voltiger de branche en branche, puis à se hasarder un peu
dans les airs. Enfin, ils leur ont fait prendre l'essor, pour leur indiquer les endroits
où ils trouveroient leur subsistance. C'est
alors que leurs soins ont cessé ; leurs enfans n'en avoient plus besoin : ils sont déjà
aussi habiles qu'eux-mêmes. Vous les verrez
l'année prochaine construire aussi des nids
à leur tour, et faire pour leur jeune famille, ce que leurs parens viennent de
faire pour eux.

Je sens toujours de l'indignation contre
ceux qui vont lâchement dérober des nids
d'oiseaux, lorsque je pense combien de
voyages ont fait ces pauvres créatures pour
rassembler tous les matériaux qui leur
étoient nécessaires, et quelle a dû être la
difficulté de leur travail, sans autres instrumens, pour bâtir, que leurs becs et
leurs pates

Nous n'aimerions pas à être chassés d'une bonne maison bien close et bien commode, quoique peu d'entre nous eussent l'adresse d'en construire. Les fermiers, il est vrai, se trouvent dans la nécessité de détruire, autant qu'ils peuvent, quelques espèces d'oiseaux qui dévorent leurs récoltes. D'ailleurs il ne manque point d'oiseaux de proie, tels que les éperviers et les milans, pour leur faire une rude guerre. Ainsi je pense qu'ils ont assez d'ennemis, sans les petits garçons. Pour moi, je ferois volontiers le sacrifice d'une partie de mes fruits, pour les payer de leur musique ; et je ne voudrois pas tuer ce merle joyeux, qui chante si gaîment dans le verger, même quand il devroit manger toutes mes cerises.

Vous avez un serin de Canarie dans votre cage, Charlotte ; j'espère que vous aurez soin de le tenir propre et de le bien nourrir. Il n'a jamais connu le prix de la liberté ; ainsi il n'éprouve point le regret de l'avoir perdue. Au contraire, si vous lui donniez la volée, il mourroit peut-être de faim, faute de la nourriture qu'il aime. De plus, il ne pourroit pas résister aux rigueurs de l'hiver, parce qu'il est d'une espèce qu'on a transportée d'un pays beaucoup plus chaud que le nôtre Mais si vous preniez

un pauvre oiseau accoutumé à voler dans
les bois, à sautiller de branche en branche,
à gazouiller dans l'épaisseur des buissons,
il commenceroit d'abord à se tourmenter,
à se frapper la tête contre les barreaux de
la cage ; enfin, lorsqu'il verroit qu'il ne
peut sortir, il iroit se tapir tristement dans
un coin ; il refuseroit de manger et de
boire, jusqu'à ce que la faim et la soif l'y
obligeassent à la dernière extrémité, et il
mourroit peut-être avant que d'avoir pu
s'accoutumer à sa prison.

J'ai connu un petit garçon, très-bon enfant d'ailleurs, mais qui aimoit tant les
oiseaux, qu'il se servoit de tous les moyens
pour en avoir. Un jour il venoit de leur
tendre des lacets et de leur dresser des tra-
pes, lorsqu'on vint le chercher de la ville,
de la part de sa maman ; il partit aussitôt,
oubliant, dans l'étourderie de son âge,
d'aller défaire ses piéges, ou d'en parler à
personne dans la maison. Il ne revint qu'au
bout de huit jours ; et la première nouvelle
qu'il apprit, fut qu'un pauvre roitelet avoit
été malheureusement écrasé sous une tra-
pe, et qu'une fauvette s'étoit cassé la jambe
dans les nœuds d'un lacet. Dites-moi, je
vous prie, mon cher Henri, si vous n'auriez pas eu bien de la douleur, à sa place,

d'avoir fait souffrir une fin cruelle à deux
si gentilles créatures, qui, loin de lui avoir
fait aucun mal, avoient peut-être cent fois
réjoui ses yeux par la légèreté de leur vol,
ou charmé ses oreilles par la douceur de
leur ramage ?

LES ABEILLES.

La bonne Geneviève vient de nous apporter un rayon ou gâteau de miel nouveau.
Vous allez en goûter, et vous le trouverez
exquis. Vous rappelez-vous qu'il y a deux
mois environ, nous avons vu un essaim d'a-
beilles sortant d'une ancienne ruche ? Nicolas, qui les guettoit depuis une demi-
heure, ne les aperçut pas plutôt en l'air
que, se cachant le visage et les mains pour
ne pas être piqué, il les fit s'abaisser sur
un buisson en leur jetant de la poussière
à pleines mains, et les mit ensuite dans
une ruche vide qu'il avoit préparée exprès.
Eh bien ! voici une portion du travail
qu'elles ont fait dans leur nouvelle demeure, et des provisions qu'elles y ont amas-
sées.

Elles sont en très-grand nombre dans

leur habitation, quelquefois même jusqu'à trente mille, et plus ; cependant il règne parmi elles le plus grand ordre : dans chaque ruche une principale abeille, que nous nommons la reine, maintient l'ordre et la propreté, ne souffre pas que les abeilles restent oisives, les envoie dans les champs, dans les jardins, dans les prairies et les bois, chercher la cire et le miel dont elle règle l'usage. C'est elle qui veille à la construction des édifices de la ruche, à l'éducation des jeunes abeilles ; et quand cette jeunesse est en état de pourvoir à sa subsistance, elle les oblige à sortir de la ruche, sous la conduite d'une jeune reine de leur âge : c'est ce qui forme l'essaim dont je viens de vous parler.

Dès le jour que Nicolas a recueilli les jeunes abeilles dans la ruche, elles ont aussitôt, sans perdre un moment, travaillé à faire ces petites cellules que vous voyez, et qui sont en cire. Cette cire, qui est jaune quand elle sort des ruches, sert à donner au bois des meubles, au plancher, le luisant et la propreté. Elle entre dans la composition des onguens que l'on met sur les blessures ; et quand on l'a fait blanchir, on l'emploie à faire la bougie qui nous éclaire, les cierges que vous voyez dans l'église , et mille autres choses très-utiles.

Vous souvenez-vous, Henri , qu'hier soir ayant mis votre petit nez au milieu d'un lis pour en sentir l'odeur , vous l'avez retiré tout couvert d'une poussière jaune ? eh bien , c'est avec ces petits grains de poussière que les abeilles font leurs cellules de cire ; elles les trouvent en très-grande abondance sur les lis ; il y en a moins dans les autres fleurs simples , et point dans les doubles. Pendant que la construction avance, d'autres abeilles vont sur les fleurs recueillir le miel qui se trouve au milieu du calice des fleurs simples , et sur les feuilles de certains arbres : elles l'apportent dans leur petit estomac , et le dégorgent dans les cellules , qu'elles ferment avec de la cire quand elles les ont remplies.

Ces provisions leur servent pour se nourrir pendant les jours qu'elles ne sortent pas , à cause des pluies et des froids ; et comme elles travaillent continuellement, elles en amassent plus qu'il ne leur en faut ; c'est leur superflu que Nicolas leur a ôté , et dont on vient de nous apporter une partie.

A présent ouvrons ces petites cellules : voyez comme le miel est pur ! Vous le trouvez bon , mes enfans ; j'en suis charmée.

Charlotte, vous voulez voir ces abeilles près
de leur ruche ; eh bien , mes amis , je vous
y menerai ; mais je vous préviens que leur
piqûre fait beaucoup de mal. J'ai vu un
petit garçon de l'âge de Henri , qui, après
avoir fouetté sa toupie , s'approcha d'une
ruche ; et comme les abeilles étoient tranquilles , il y introduisit le manche de son
fouet , en le remuant avec vivacité ; les
abeilles en fureur, sortirent et se jetèrent
sur lui ; il fut bien piqué , et s'enfuit en jetant des cris ; il souffrit beaucoup , et personne ne le plaignit, parce qu'il s'étoit attiré ce malheur. S'il se fût approché des
abeilles avec tranquillité , et sans les effa-
roucher , il eût pu les regarder sans le
moindre danger.

Venez , mes amis, nous allons les voir ;
vous les craignez parce qu'elles font beaucoup de bruit ; c'est ce qui a lieu les jours
de beau temps , depuis midi jusqu'à trois
heures , parce que les abeilles sortent en
grand nombre pour se récréer et prendre
l'air.

Les petites abeilles que vous voyez, sont
les ouvrières de la ruche , les travailleuses ;
ce sont elles qui construisent les édifices
en cire , comme celui que vous a apporté
la bonne Geneviève : ce sont elles qui vont

chercher le miel, qui entretiennent la propreté dans la ruche, qui veillent à la porte pour en défendre l'entrée ; elles gardent aussi la reine qui ne sort point. Ces grosses mouches noires, qui font beaucoup de bruit en volant, sont les papas de la ruche. Vous me demandez, Charlotte, pourquoi ces papas font tant de bruit en volant. Vous trouvez que leur chant n'est pas agréable. Mes amis, ce bourdonnement ne sort pas de leur bouche ; les abeilles et toutes les mouches que nous voyons, ont sous les ailes de petits trous par où l'air entre dans leur corps et en ressort ; c'est l'agitation de leurs ailes sur ces petits trous, qui cause le bourdonnement que nous entendons ; c'est comme la toupie d'Allemagne de Henri. Cette toupie creuse, est percée d'un petit trou ; plus elle tourne vite, plus le bourdonnement est fort : aussi plus les mouches agitent leurs ailes, et plus elles sont grosses, plus le bourdonnement est considérable.

Il y a d'autres espèces d'abeilles qui ne vivent pas en commun comme celles-ci; on les nomme *abeilles solitaires ;* telle que l'abeille *perce-bois*, qui fait des trous dan des morceaux de bois et s'y loge ; l'abeille *maçonne,* qui fait son nid avec de la terre humectée ; la *cardeuse*, la *coupeuse de feuilles*, la *tapissière*, et beaucoup d'autres espèces, les œuvres du Créateur étant variées à l'infini. Vous me demandez , Charlotte, pourquoi on appelle une espèce *abeille tapissière ?* C'est, mes amis, parce qu'elle tapisse sa petite demeure ; et voici comment elle s'y prend.

Elle fait un trou dans la terre, de la profondeur d'un des doigts de Henri ; elle va ensuite chercher de la fleur de coquelicot, et commence par tapisser l'entrée avec un petit rebord, de manière que l'on voit un petit trou dans la terre , entièrement bordé de rouge ; elle retourne chercher de la même fleur, et tapisse tout l'intérieur en descendant ; enfin , elle tapisse le fond : cette opération finie , elle dépose ses œufs dans le trou, avec une pâtée de miel pour la nourriture de ses petits quand ils écloront ; enfin , elle détache les bords extérieurs de sa tapisserie , les pousse dans le trou , les recouvre de terre qu'elle bat pour l'affermir : rien n'est plus admirable.

LES PAPILLONS, LES CHENILLES

ET LES VERS A SOIE.

A près quoi donc courez-vous si vite Henri ? Oh, c'est un papillon ! Vous l'avez attrapé ? ne serrez pas vos doigts, de peur de blesser la délicate et frêle créature. Vous croyez peut-être avoir pris un petit oiseau qui n'a fait que voltiger toute sa vie ? non, non, il n'en est pas ainsi. Tel que vous le voyez, si leste et si brillant, il n'y a que peu de jours qu'il rampoit à terre sous la forme d'une chenille hideuse. En voici une. Regardez-la de tous vos yeux. Découvrez-vous sur son corps rien qui ressemble à des ailes ? Non sans doute. Eh bien, cependant elle viendra papilloner un jour autour de cette fleur sur laquelle vous la voyez se traîner si pesamment aujourd'hui.

On compte plusieurs espèces de chenilles ; mais je ne vous parlerai que des vers à soie, parce que c'est l'espèce dont l'histoire est la plus curieuse et la plus intéressante pour nous.

Les vers à soie, avant leur naissance, sont renfermés en de petits œufs, que l'on

conserve dans un lieu sec, jusqu'au retour
du printemps. Alors on les expose à une
chaleur douce, et l'on en voit sortir de
petits vers grisâtres, que l'on met soudain
sur des feuilles détachées d'un arbre qu'on
appelle mûrier, qu'ils aiment de préférence pour leur nourriture. Ils grossissent
fort vite ; car aussitôt qu'ils sont nés, ils
se mettent, d'un grand appétit, à manger
de ces feuilles, et ils en mangent tout le
long de la journée. Au bout de neuf à dix
jours leur peau se détache de leur corps,
et ils paroissent beaucoup moins hideux
avec leur robe nouvelle. Ils en changent
trois fois encore, de sept jours en sept
jours, et à la dernière, ce sont de jolis
vers très-blancs, à peu près de la longueur
et de la grosseur de l'un de vos doigts. Ils
commencent bientôt à devenir jaunâtres et
transparens ; leur corps grossit et se ra-
masse, et ils cessent absolument de manger : c'est le temps où ils se disposent à se
mettre à l'ouvrage. Ils grimpent le long de
petits brins de genêt ou de bruyère qu'on
plante autour d'eux en forme d'arcade, et
attachent d'abord, de tous côtés, des soies
qu'ils filent un peu grosses, pour y suspendre leur coque. Ils en forment l'exté-
rieur avec une espèce de bourre qu'on

nomme fleuret; puis au-dessous de cette enveloppe grossière , ils commencent leur véritable coque, en appliquant des fils plus déliés à cette bourre , qu'ils foulent continuellement avec leur tête , pour donner à l'intérieur de leur édifice une forme ronde, et de la capacité d'un œuf de pigeon. Dès le premier jour , ils se dérobent entièrement à l'œil, sous l'épaisseur de leur travail; mais la besogne n'est pas encore achevée. Il leur faut un ou deux jours de plus pour terminer en dedans leur ouvrage. Le dernier tissu qui les environne immédiatement, est le plus difficile ; car il est plus serré que l'étoffe la mieux fabriquée.

C'est de ces coques, appelées ordinairement cocons, que l'on tire d'abord le fleuret qui sert à faire la filoselle , et ensuite la soie employée dans nos ameublemens et dans nos habits. Si nous venions à perdre ces insectes, il n'y auroit plus ni taffetas, ni satins , ni velours.

Pour retirer la soie , on jette dans l'eau bouillante tous les cocons, excepté ceux que l'on réserve pour avoir des œufs , comme je vous le dirai tout-à-l'heure. Les personnes accoutumées à ce travail en ont bientôt trouvé le premier bout. Elles sont obligées de joindre plusieurs brins ensemble ,

pour en faire un d'une grosseur raisonnable , et elles le dévident sur de petites
bobines. Croiriez-vous que chacun de ces
fils a près de mille pieds de longueur ?

Je vous ai dit que l'on mettoit à part les
cocons destinés à donner des œufs. Si vous
en ouvrez un avec des ciseaux , que pensez-
vous que l'on trouve au dedans ? un ver à
soie ? Oh ! non , rien qui lui ressemble du
tout. On n'y trouve plus qu'une chrysalide,
c'est-à-dire , un petit corps sans tête ni pates
qu'on puisse voir. Vous le prendriez pour une
fève desséchée. Cependant, si vous touchez
une de ses extrémités , vous le voyez se re-
muer un peu ; ce qui annonce qu'il n'est pas
mort. En effet, là-dessous est un papillon
bien emmailloté , qui déchire ses langes au
bout de vingt jours, perce lui-même sa coque , et en sort avec deux yeux noirs, quatre
ailes, de longues jambes,et un corps couvert
d'une espèce de plumes. Le mâle et la femelle font aussitôt leur petit ménage ; et
lorsque celle-ci a pondu ses œufs , au nombre de quatre ou cinq cents , ils meurent
l'un et l'autre , laissant pour l'année suivante une nombreuse famille , propre à
leur succéder.

Vous voudriez élever des vers à soie,
Charlotte ? Je serai bien aise que vous puis-

siez étudier de vos propres yeux les merveilles opérées par la nature dans les métamorphoses et le travail de ces insectes. Je
vous laisserai volontiers la satisfaction d'en
élever quelques-uns, et je me charge de
vous instruire alors de tous les soins qu'ils
demandent. Leur éducation entraîne beaucoup d'embarras, dans les pays où l'inconstance des saisons exige qu'ils soient
continuellement renfermés dans de grandes chambres. Il est des pays, au contraire, où ils naissent sur les mûriers, se
nourrissent d'eux-mêmes, et filent parmi
les feuilles. Ce doit être un joli coup d'œil
de voir ces cocons briller comme des prunes d'or et d'argent, au milieu de la douce
verdure.

Les différentes espèces de papillons sont
très-nombreuses : le nombre des espèces de
chenilles est aussi grand, puisqu'il n'est pas
un papillon qui n'ait été chenille, puis chrysalide, avant de prendre des ailes, comme
je viens de vous le dire du papillon de ver
à soie, qui n'est lui-même qu'une chenille.

Une chose bien digne de notre admiration, c'est l'instinct que la nature donne à
toutes les chenilles, de se former une retraite pour le temps où l'état immobile de

chrysalide les exposeroit sans défense à leurs ennemis. Les unes, à l'exemple des vers à soie, filent des coques impénétrables, où elles s'enveloppent ; les autres se creusent sous terre de petites cellules bien maçonnées ; celles-ci se suspendent par les pieds de derrière ; celles-là se lient par une espèce de ceinture qui les embrasse et les soutient. C'est ainsi que, sous une apparence de mort extérieure, tout leur corps travaille, pour certaines espèces, même pendant plus d'une année, à prendre la nouvelle forme qui doit renouveler leur existence, en les faisant passer de la condition d'un ver obscur qui rampe sous nos pieds, à celle d'un oiseau brillant qui voltige au-dessus de nos têtes.

Les variétés qu'on remarque entre les papillons, les ont fait partager en plusieurs classes : l'histoire de chacune offre des particularités fort curieuses. Ces insectes qui, sous leur première forme, ne nous inspiroient que du dégoût et de l'horreur, deviennent, sous leur forme nouvelle, les objets de notre admiration, et nous inspirent même en leur faveur une sorte d'intérêt. L'éclat des couleurs dont leurs ailes sont peintes ; les sucs délicats dont ils se nourrissent ; le bonheur dont ils semblent jouir dans le court espace de leur vie ; les métamorphoses par lesquelles ils sont parvenus à cet état ; tout en eux réveille des idées gracieuses , et excite la curiosité sur une destinée aussi singulière. J'espère que vous goûterez un jour autant de plaisir que moi-même à vous instruire de tous ces détails intéressans.

Je vous aurois encore parlé de plusieurs autres animaux , dont l'histoire nous offriroit mille particularités admirables , tels que les castors, les fourmis, etc. etc. mais où pourrois-je m'arrêter, si je cherchois à vous peindre tous ceux qui doivent vous intéresser par leur instinct , leur forme et leur industrie ? Ces détails m'entraîneroient trop loin des limites que je me suis tracées. C'est à regret que je me borne à vous les annoncer pour être un jour l'objet continuel de vos études et de vos plaisirs. Ce que je ne cesserai jamais de vous dire , c'est que , lorsque vous aurez pris du goût pour ces connoissances , rien ne pourra jamais vous paroître indifférent dans la nature.

Malgré la quantité prodigieuse d'animaux que nos yeux peuvent découvrir , il en est sans doute un plus grand nombre encore de ceux que leur petitesse dérobe à notre vue. Toutes les feuilles des arbres, des plantes et des fleurs, sont peuplées d'une infinité d'insectes invisibles ; il n'est peut-être pas un grain de sable qui ne soit un monde pour ses habitans. Qui sait si un ciron n'est pas un éléphant aux yeux d'une foule d'autres créatures d'une espèce inférieure ? Voici un microscope, c'est-à-dire, un instrument qui grossit les objets, comme le télescope les rapproche. Charlotte, allez-moi, je vous prie, chercher ce vinaigre que je tiens, depuis quelques jours, exposé au soleil. Je vais en mettre ici une goutte. Approchez-vous, et voyez. Doucement, Henri ; ce n'est pas tout d'être philosophe, il faut encore être poli : laissez regarder votre sœur la première. A votre tour, maintenant. Eh bien, ne découvrez-vous pas une multitude de petits animaux qui s'agitent avec une extrême vivacité ? Vous voyez, par cet exemple, qu'une recherche attentive peut nous faire pénétrer chaque jour de nouvelles merveilles. Quand notre vie seroit cent fois plus longue, nous ne viendrions jamais à bout de découvrir tout ce qui est digne de notre curiosité.

Que dit votre frère, Charlotte ? qu'il souhaiteroit que ses yeux fussent des microscopes ? Hélas, mon cher enfant ! vous ne savez guère ce que vous désirez. Si vos vœux étoient accomplis , vous verriez , il est vrai , des choses très - surprenantes ; mais aussi ce que vous regardez maintenant avec plaisir , deviendroit pour vous un objet de dégoût et d'horreur. Un homme vous paroîtroit si grand, que vous ne pourriez voir à la fois qu'une partie de sa taille : un bœuf vous sembleroit plus haut qu'une colline ; vous prendriez un ruisseau pour une rivière , un chat pour un tigre , une souris pour un ours : vous seriez continuellement exposé à des méprises ridicules ou dangereuses. Croyez-moi , contentez-vous de ce que vos yeux peuvent vous faire aisément connoître ce qui vous est utile ou nuisible ; aidez - vous des instrumens inventés pour suppléer à leur foiblesse dans les objets de pure curiosité ; et surtout restez convaincus, à l'exemple de Frédéric et de Maurice , que *l'homme est bien comme il est* , pour jouir de tout le bonheur qu'il peut goûter sur la terre.

LA TERRE.

ENTREZ, entrez, Henri. Approchez-vous , Charlotte. J'ai de grandes choses à vous expliquer aujourd'hui. Regardez ce globe. Savez - vous quel est son usage ? Oh , non , j'imagine. Eh bien , le croiriez-vous ? si petit qu'il soit, il représente toute la terre.

Lorsque vous étiez plus jeunes encore , vous pensiez peut - être que le monde ne s'étendoit pas au delà de la ville que vous habitez , et que vous aviez vu tous les hommes et toutes les femmes qui le peuplent. A présent vous êtes un peu mieux instruits, car je crois vous avoir dit qu'il y a des millions et de millions d'autres créatures semblables à nous. En vous promenant dans la ville , vous avez été surpris de la multitude d'habitans qui se pressent en foule le long des rues , comme des abeilles dans une ruche , aussi nombreux et aussi affairés. Ce n'est pourtant que la moindre partie de ceux qui couvrent la face de la terre.

La terre est un globe énorme : celui que nous avons sous les yeux, n'en est qu'une

espèce de miniature. Vous y voyez une infinité de lignes droites ou tortueuses, tracées sur toute sa rondeur, et peintes, les
unes en rouge, les autres en jaune ou en
vert, etc. C'est pour distinguer les divers
Etats, comme les haies, dans les champs,
distinguent les possessions des divers particuliers.

Il n'étoit pas plus possible de retracer
entièrement toutes les parties de la terre
sur ce globe, qu'il ne l'étoit au peintre de
faire entrer toute la grandeur du visage
de votre maman sur le tableau que je porte
à mon bracelet. Vous voyez cependant
que le portrait lui ressemble ; et on auroit
pu le faire encore plus petit.

On pourroit de même, en réduisant ces
lignes, les retracer sur une orange ; en les
réduisant un peu plus, sur un abricot ; et
toujours ainsi en diminuant, sur une pru-
ne, une cerise, un grain de raisin. Allons
plus loin encore. Voici un pois. Vous voyez
combien il est plus petit que le globe ? Cependant nous pourrions, avec autant d'a-
dresse que ce graveur qui grava plusieurs
mots sur un grain de millet, figurer en
raccourci, sur le pois, ces grandes places
jaunes, vertes et rouges, qu'on appelle
France, Angleterre, Allemagne, etc.

assez bien pour montrer quels sont les contours de ces pays, et leur situation, l'un par rapport à l'autre.

De la même manière que ce pois ressembleroit au globe, le globe ressemble à celui de la terre.

La surface de la terre n'est pas unie comme celle de ce globe : elle est hérissée de hauteurs, de collines et de montagnes. Mais quoiqu'elles nous paroissent très-élevées, et qu'elles le soient effectivement pour d'aussi petites créatures que nous le sommes, elles n'altèrent pas plus la rondeur de la terre, que des grains de sable posés sur ce globe, n'en pourroient altérer la rondeur. C'est pourquoi nous disons toujours qu'elle est ronde, malgré ces inégalités.

LA MER.

Tout ce que nous appelons le monde, n'est pas composé d'une matière solide comme le sol que nous foulons à nos pieds. Entre les différentes parties de la terre, il y a des places creuses et remplies d'eau. Les plus grandes que vous voyez répandues

çà et là sur le globe, sont appelées océans
ou mers. Il y en a de moins étendues qu'on
appelle lacs ou étangs. Elles ont cela de
commun, qu'elles sont toujours renfermées entre les mêmes bords. Il y en a
d'autres au contraire, tels que les ruisseaux, les rivières et les fleuves, qui changent sans cesse de rivage ; c'est-à-dire
qu'ils ont un écoulement qui leur fait successivement parcourir différens pays. Ce
ne sont d'abord que des sources, des fon-
taines ou des filets d'eau qui jaillissent de
la terre. Sitôt qu'ils commencent à prendre un certain cours, on les appelle ruisseaux. Ces ruisseaux, dans leur route, se
réunissent avec d'autres ruisseaux, et forment alors ce qu'on appelle une rivière.
Les rivières, en continuant de courir,
reçoivent dans leur sein d'autres rivières
ou ruisseaux, et vont se décharger dans
les fleuves, qui vont à leur tour se décharger dans la mer.

Vous voyez que la plus grande partie du
globe est occupée par les eaux. Supposons
que Henri aille déterrer une fourmilière
et la porte sur ce globe ; elle pourroit servir à représenter les peuplades qui habitent la terre. Comme il n'y a de l'eau qu'en
peinture sur le carton les fourmis seroient

libres d'aller par le chemin qu'elles voudroient. Mais si ces endroits étoient creusés à une grande profondeur, et qu'ils for-
massent des rivières et des mers véritables,
comment pourroient-elles aller à travers
ces grands espaces d'eau ? Il en est de même
à notre égard : nous n'aurions jamais pu
atteindre les lieux dont la mer nous sépare, si l'imagination et l'industrie n'étoient
venues à notre secours.

Je me plais à imaginer que c'est à des
enfans peut-être que nous devons la première idée de la navigation.

Le premier qui, en jouant sur le rivage,
vit une écorce d'arbre flotter sur un ruisseau, prit un long bâton pour l'arrêter au
passage. En cherchant à l'attraper, il vit
que l'écorce ne s'enfonçoit dans l'eau que
par une certaine pression. Lorsqu'il s'en
fut saisi, il y mit des cailloux, de l'herbe,
tant que l'écorce put en porter sans couler à fond. Il la suivit un moment des
yeux, et courut plein de joie chercher son
papa, pour le rendre témoin de cette nouveauté. Celui-ci, en se promenant le lendemain, trouva un arbre énorme, dont
le tronc étoit creusé par les ans. Il le dé-
pouilla de ses branchages et de ses racines, et le jeta dans l'eau, où il le vit se

soutenir à merveille. Peu à peu il eut le
courage d'y entrer. Après quelques essais
le long du rivage, il imagina, avec l'aide
de deux perches pour se diriger, de traverser le ruisseau. Cette écorce ne résista pas
long-temps aux secousses qu'elle essuyoit
en abordant sur la plage; elle se fendit,
et le pauvre navigateur courut risque de
se noyer. Il comprit alors qu'il lui falloit
un bateau plus solide, et il se mit à creu-
ser le tronc d'un arbre dépouillé de son
écorce, pour naviguer avec plus de sûreté.
Dans le même temps, sans doute, à la vue
de quelques branchages flottans sur les ondes, on eut l'idée de lier plusieurs pièces
de bois ensemble, pour en former ce qu'on
appelle un radeau, comme ces trains de
bois qu'on amène sur la rivière à Paris. En
les comparant l'un avec l'autre, on vit que
le tronc d'arbre étoit trop petit pour un
homme et son équipage, et que la moindre vague, en s'élevant sur le radeau,
mouilloit toute la cargaison. On chercha le
moyen de réunir les avantages de l'un et
de l'autre, en évitant les inconvéniens auxquels chacun étoit sujet; et comme les arts
et les instrumens s'étoient perfectionnés
dans cet intervalle, on imagina de dégros-
sir les pièces de bois qui formoient le ra-

deau, de les courber, et de les réunir ensemble par des chevilles, sous la forme du
tronc d'arbre creusé. C'est ainsi que fut
construit le premier canot, qui fut d'abord
bien petit, sans doute. On l'agrandit peu
à peu, selon la largeur des rivières qu'on
avoit à traverser. Mais de ces frêles bâti-
mens, à peine capables de contenir quatre
ou cinq hommes, qu'il y avoit loin encore
à un vaisseau de guerre, qui porte douze
à quinze cents hommes avec leurs provisions pour six mois, des munitions immenses, et tout l'attirail des cordages et des
voilures! Comme vous n'avez pas vu de
vaisseau de guerre, je ne puis vous donner
une idée de cette différence, qu'en vous
priant de comparer la guérite de la sentinelle qui est à la porte des Tuileries avec
ce superbe château.

Imaginez-vous, mes amis, quelle fut la
surprise de l'homme qui, descendant le
fleuve dans son petit esquif, parvint à son
embouchure, c'est-à-dire à l'endroit où le
fleuve se jette dans la mer.

Transportez-vous un instant vous-mêmes sur ses bords, dans votre pensée :
voyez ses vagues immenses, roulant l'une
sur l'autre à grand bruit, s'avancer avec
majesté sur le rivage, et le couvrir de flots

blanchissans d'écume. Vous avez vu cet étang qui est dans le voisinage : il a assez de profondeur pour qu'un homme qui marcheroit sur le fond eût de l'eau par-dessus sa tête. Mais cet étang, en comparaison de la mer, est moins encore qu'une goutte d'eau en comparaison de l'étang. Regardez sur le globe quel espace elle y occupe. Mesurez en même temps des yeux les plus vastes contrées ; vous verrez que la mer est beaucoup plus étendue. En quelques endroits elle est si profonde, que la plus longue ficelle, avec un plomb au bout, n'en peut atteindre le fond. Ainsi, tâchez de vous représenter quelles idées d'admiration et d'effroi durent saisir cet homme au premier coup d'œil. Il imagina sans doute que cette masse d'eau formoit les dernières barrières de la terre. Comme le vent souffloit peut-être en ce moment avec violence, il conçut sans peine que sa petite chaloupe seroit bientôt abîmée sous les flots. Il résolut, avec ses compagnons, d'en construire une plus grande, pour suivre du moins la mer le long de ses rivages. La navigation fut long-temps bornée à ces courses timides ; mais de jour en jour les vaisseaux acquéroient plus de perfection. Enfin, un homme d'un génie plus hardi

que les autres , se persuada qu'au delà de
ces vastes mers , il y avoit d'autres terres ,
et il forma le dessein de les visiter. Il partit , et il eut la satisfaction de se convaincre
par lui-même de la réalité de ses espérances. D'autres après lui entreprirent d'aller
plus loin encore. Croiriez-vous que dans
leur course , ils passèrent par un point du
monde qui se trouve exactement sous nos
pieds, à la distance de toute l'épaisseur du
globe de la terre? Vous me regardez d'un
air ébahi. Rien de plus vrai pourtant, et
j'espère , avant la fin de nos entretiens ,
vous rendre la chose sensible.

Contentez-vous maintenant de croire sur
ma parole, que l'on peut faire sur un vaisseau le tour entier du monde. Je vais vous
donner une idée de ce qui est nécessaire
pour une expédition de long cours.

Avant de venir à la campagne , je vous
ai montré en petit , chez un machiniste ,
le modèle d'un vaisseau avec ses mâts, ses
voiles et ses cordages , dont on vous a fait
le détail. Vous en avez suivi la description
avec trop de curiosité , pour que je puisse
croire que vous en ayez déjà perdu le souvenir. D'ailleurs , vous avez fait une fois le
voyage d'Auteuil par la galiote de Saint-

Cloud, ce qui est à votre âge un fort jcll commencement de navigation.

Si le vaisseau n'est pas nouvellement construit, avant de s'embarquer on commence à le réparer à neuf, c'est-à-dire à faire entrer de force, entre les jointures des planches qui le doublent, de grosse filasse qu'on nomme étoupe, et à le bien enduire de poix et de goudron, pour le rendre impénétrable à l'eau, qui pourroit le faire couler à fond, si elle y entroit par ces fentes. Il faut que les mâts soient bien solides, et les voiles en bon état, pour résister à la force des vents. Alors on porte dans le vaisseau une grande quantité de biscuit bien sec, au lieu de pain, qui se moisiroit bientôt ; plusieurs tonneaux d'eau douce, parce que l'eau de la mer est trop amère pour qu'on puisse la boire ; enfin des barils de viande salée, attendu que de la viande fraîche ne tarderoit guère à se corrompre, et qu'on ne trouve point de boucheries sur la route. On emporte aussi des légumes secs, pour faire la soupe des matelots dans toute la traversée.

Un vaisseau marchand, outre ces provisions de bouche, prend encore une cargaison, c'est-à-dire des denrées et des marchandises qu'on se propose de vendre dans

les pays étrangers, ou d'y échanger contre
les productions de l'endroit. C'est ainsi que
nous envoyons en Amérique du vin, de la
farine, des toiles, des étoffes, etc. et que
nous en rapportons du sucre, du café, du
coton, que vous connoissez à merveille, et
de l'indigo, qui sert à faire les teintures en
bleu.

Les vaisseaux doivent aussi emmener un
certain nombre d'hommes, les uns plus,
les autres moins, à proportion de leur
grandeur. Ces hommes s'appellent matelots ; et ils ont toujours beaucoup d'ouvrage
à faire sur le bord, surtout dans les temps
orageux. Représentez-vous en effet un pauvre navire ballotté par la mer en furie,
dont les vagues s'élèvent de la hauteur d'une
maison, et semblent le lancer dans les airs,
pour le précipiter ensuite dans des abîmes ;
représentez-vous ses voiles déchirées, ses
mâts brisés, ses cordages rompus : c'est
alors que les matelots ont une terrible besogne ! Les uns sont occupés à faire jouer
la pompe pour vider l'eau qui est entrée
dans le vaisseau ; les autres grimpent sur
des échelles de corde jusqu'au bout des
mâts, pour baisser les voiles, de peur que
la violence de la tempête ne fasse renverser
le navire, ou ne le pousse contre les ro-

chers, qui le briseroient comme un verre.
Vous mourriez, j'en suis sûre, de frayeur,
dans cette occasion. Mais les marins, avec
du courage et de la présence d'esprit, se
jouent en quelque sorte de ces bourrasques.
Ils veillent surtout à conserver leur gouvernail, cette grosse pièce de bois qui des-
cend dans l'eau le long du derrière du navire, comme une espèce de queue, et qui,
tournée à droite ou à gauche, lui fait changer de direction, comme vous voyez ces
poissons rouges, renfermés dans un bocal
sur ma cheminée, se servir de leur queue
pour tourner à leur volonté d'un côté ou
de l'autre.

Vous auriez de la peine à croire que les
matelots craignent presque autant que la
tempête, l'état opposé de la mer, c'est-à-
dire un calme profond. Dans cette situation, les ondes que je vous ai peintes tout-
à-l'heure si enflées et si turbulentes, sont
tranquilles et unies comme une glace ; les
voiles tombent aplaties le long des mâts ;
la mer semble dormir, et le vaisseau immobile est comme un tombeau qui renfer-
meroit des êtres vivans. On diroit que ces
matelots si actifs et si vigoureux, sont frappés d'un engourdissement léthargique. Vous
auriez pitié de les voir, les bras croisés sur

le pont, se livrer au dégoût et à l'ennui.
Mais aussi, quelle joie lorsque le vent recommence à s'élever, que les voiles se ren-
flent, que la mer s'agite, et que d'un cours
heureux, ils s'avancent vers le port, objet
de leur désir! Déjà le capitaine, sa lunette
en main, cherche le rivage. Les mousses
perchés au plus haut du vaisseau, le sollicitent avidement des yeux. Enfin un cri
s'élève : Terre! terre! toutes les fatigues,
tous les dangers sont oubliés. On court, on
s'embrasse, on presse la manœuvre, on
entre dans le port, et l'on en prend pos-
session en y jetant, au bout d'un long câ-
ble, une grosse pièce de fer nommée ancre, dont les deux bras recourbés en crochet, s'attachent au fond de la mer, et
qui, par ce moyen, retient le vaisseau dans
l'endroit où il vient de s'établir. On se précipite alors dans une chaloupe, et on aborde
la terre, que la plupart baisent de joie,
comme après une longue absence vous em-
brasseriez votre maman.

Mais je viens de vous peindre le vaisseau
déjà parvenu au terme de son voyage, tandis que nous l'avons laissé dans les prépa-
ratifs de son départ. Il est temps de l'aller
rejoindre, de peur qu'il ne s'esquive à notre insu. Aussitôt qu'il a reçu toutes ses

provisions et toutes ses marchandises, et qu'il est prêt à mettre à la voile, le capitaine et les matelots n'ont plus qu'à attendre un bon vent pour partir. Je pense qu'il faut d'abord vous apprendre ce que c'est qu'un bon vent. Allons un peu dans le jardin. Il est midi. Plaçons-nous en face du soleil. De cette manière votre visage est tourné vers le midi, et vous tournez le dos au nord; à votre main droite est l'ouest, et l'est à votre gauche. Or, vous sentez que lorsque le vent souffle derrière vous, il tend à vous pousser en avant; lorsqu'il vous donne au visage, il tend à vous pousser en arrière. Vous en avez fait mille fois l'observation par votre cerf-volant. Mais il ne souffle pas toujours du même endroit. De quel côté souffle-t-il à présent, Henri? Tirez votre mouchoir, prenez-en deux bouts dans vos mains, écartez vos bras. Voyez-vous? le vent le fait renfler et le pousse contre votre corps et contre vos jambes. Vous êtes tourné vers le midi; le vent vient donc du midi. Rentrons maintenant, et retournons à notre globe. Voici les quatre points que je vous ai fait remarquer : Midi, Nord, Est, Ouest. Lorsque le vaisseau veut aller dans un pays qui est au nord, il faut qu'il ait un vent de midi, qu'on appelle

ordinairement de sud, pour le pousser de
ce côté ; car si le vent lui venoit du nord,
il lui seroit impossible d'aller vers cet endroit ; en sorte qu'un voyage devient quelquefois plus long qu'il n'auroit dû l'être,
par l'inconstance des vents, qui changent
d'un point à l'autre, et qui obligent par
conséquent le vaisseau de changer de direction. Ne croyez pas toutefois qu'on soit
obligé de retourner sur ses pas pour chaque
variation du vent : l'art de la navigation
apprend aux marins une méthode de gouverner le vaisseau, qu'on appelle louvoyer,
et qui consiste à courir en zigzag, tantôt
à droite, tantôt à gauche, en s'approchant
par degrés du point où l'on tend ; au lieu
qu'un vent favorable y porteroit tout droit,
sans avoir besoin de cette pénible manœuvre.

C'est une chose bien surprenante, mais
qui n'en est pas moins vraie, que dans
quelques parties de la mer, le vent souffle
constamment chaque année des mois entiers du même côté ; ce qui facilite extrè-
mement aux vaisseaux le moyen d'atteindre leur destination : puis après quelques
jours, et souvent même un mois de calme,
le vent change, et souffle précisément du
point opposé ; ce qui ramène les vaisseaux

à pleines voiles aux lieux d'où ils sont partis. Vous comprenez bien que les marins
s'arrangent en conséquence, et qu'ils savent profiter tour-à-tour de ces directions
contraires. On appelle ces vents moussons,
ou vents de commerce. Les flèches peintes
sur le globe, marquent les endroits particuliers vers lesquels ils soufflent.

Lorsque le vaisseau est en pleine mer,
on est fréquemment des mois entiers sans
voir autre chose autour de soi que le ciel
et l'eau. Transportez-vous par exemple au
milieu de la grande mer du Sud. La terre,
de tous côtés, en est très-éloignée, et il
n'y a point de traces marquées sur la surface des eaux, pour montrer le chemin le
plus court vers l'endroit où l'on veut aller.
Mais ceux qui ont fait ces voyages, ont
tenu le compte le plus exact qu'il leur a
été possible, des rochers qu'ils ont évités,
des petites îles qu'ils ont rencontrées, et
d'autres particularités qui servent à ceux
qui viennent après eux, de règle pour se
diriger. On a rassemblé toutes les observations faites sur les différentes parties de la
mer, et d'après elles, on a formé des tableaux appelés cartes marines, dont tous
les vaisseaux ont soin de se pourvoir. En
consultant ces cartes ils trouvent le moyen

d'éviter les rochers, les bancs de sable, les gouffres, et tous les autres dangers que l'on doit craindre dans cette partie.

Malgré ces secours, on seroit encore bien embarrassé, si l'on n'avoit la précaution d'emporter une boussole. Vous allez me demander ce que c'est : je ne demande pas mieux que de vous le dire. C'est un instrument qui a l'air d'un cadran de pendule, excepté qu'au lieu des heures, on a mis les points Est, Ouest, Nord, Sud, et tous ceux qui se trouvent entre ces quatre principaux. Dans le milieu s'élève un petit pivot, sur lequel est légèrement suspendue une aiguille, qui, étant dans un parfait équilibre, a la liberté de se mouvoir tout autour du cadran. On frotte l'aiguille avec une pierre d'aimant, ce qui lui donne la singulière propriété de tourner toujours sa pointe vers le nord. De cette manière, quand on regarde la boussole, on peut toujours voir de quel côté le nord se trouve, et diriger son vaisseau en conséquence, soit qu'on veuille aller vers ce point, ou s'en éloigner.

Puisque je vous ai parlé de l'aimant, il faut bien que je cherche à vous le faire connoître. C'est une espèce de pierre qui ressemble beaucoup au fer, et qu'on trouve ordinairement dans les mines avec ce métal. Il attire à lui le fer et l'acier, et se les attache étroitement. Si vous le frottez contre de l'acier ou du fer, il leur communique sa vertu, quoique dans un moindre degré de force. Vous verrez un jour des expériences très-curieuses à ce sujet. En attendant, en voici une petite pierre. Seriez-vous curieux de voir l'effet qu'elle produit sur mes aiguilles ? Fort bien. Je vais renverser mon étui sur la table. Les voilà immobiles. Approchez-en l'aimant. Hé ! hé ! voyez-vous comme elles s'agitent ? on diroit qu'elles sont vivantes. N'allez pas le croire, au moins : elles n'ont ce mouvement, que parce que l'aimant les attire. Elles seroient parfaitement tranquilles hors de son approche.

Je vous ai dit que l'aimant communiquoit au fer et à l'acier la vertu qu'il a de les attirer ; donnez-moi votre couteau, Henri : je vais en faire l'expérience devant vous. Observez comme je frotte d'un bout à l'autre, et toujours dans le même sens. Approchez-le maintenant des aiguilles. Eh bien ! ne font-elles pas à peu près le même exercice que si elles étoient approchées d'une véritable pierre d'aimant ? Vous seriez curieux de savoir comment cela s'o-

père, n'est-ce pas ? De plus habiles que
moi se trouveroient embarrassés à vous
l'expliquer. Votre ami vous fera connoître
un jour les opinions les plus raisonnables
des philosophes sur cet objet. Contentons-
nous à présent de nous féliciter de cette
heureuse découverte, qui a tiré mille et
mille fois les marins d'un grand embarras.
Représentez-vous en effet un vaisseau au
milieu d'une nuit obscure, ou de sombres
brouillards, ne pouvant consulter le soleil
ni les étoiles, qui lui serviroient à régler
sa marche. Que feroit-il sans sa boussole ?
Il seroit obligé de s'abandonner au hasard,
et prendroit souvent une route contraire à
celle qu'il veut tenir. Mais sa boussole est
toujours prête à le remettre sur la voie.
C'est un guide qu'on peut interroger en
tout temps, et qui ne trompe jamais.

Il me semble voir sur votre mine, Charlotte, que vous n'y prendriez pas encore
trop de confiance. On auroit, je crois, de
la peine à vous persuader de faire un petit
tour en Amérique. Pas tant, dites-vous,
s'il n'y avoit pas d'eau dans l'intervalle qui
nous en sépare. Avez-vous bien réfléchi à
ce qui vient de vous échapper ? Voyez-
vous cette île qu'on appelle la Martinique ?
Elle est éloignée des ports de France de plus

de quinze cents lieues. Cependant il y a
des exemples de vaisseaux qui n'ont employé que vingt jours à faire cette traversée ; ce qui suppose à peu près une vitesse
de trois lieues par heure. Si l'on avoit ce
trajet à faire sur la terre ferme, empor-
tant avec soi, sur des chariots, toutes les
marchandises dont un navire est chargé,
croyez-vous que six mois pussent suffire à
ce voyage, et qu'il ne fallût pas au moins
cent fois plus de dépense? Je suppose encore que nous aurions de beaux chemins
bien alignés. Mais si, au lieu de ces belles
routes, nous avions toutes les profondeurs
de la mer à descendre et à remonter, des
gouffres presque sans fond à franchir,
cette expédition vous sembleroit-elle alors
aussi agréable? Voilà pourtant ce qui ar-
riveroit, si la mer, en se retirant, laissoit son lit à sec ; et je crois maintenant
que si vous aviez de toute nécessité le
voyage à faire, et l'une des deux manières à choisir, la mer, malgré tous ses
dangers, vous paroîtroit encore mériter la
préférence.

Qu'en dites-vous pour votre compte,
Henri ? Oh ! vous voudriez des ailes. Cela
ne vous paroît pas mal imaginé. Je vous
avouerai que moi-même, en voyant les

oiseaux voltiger sur ma tête , et parcourir les espaces de l'air avec tant de vitesse , j'ai souvent désiré d'être pourvue d'une bonne paire d'ailes comme eux. Eh bien ! j'étois alors aussi folle que vous l'êtes à présent, mon petit ami ; car si nous considérons de quelle étendue elles devroient être pour soutenir des corps aussi lourds que les nôtres , je suis persuadée qu'elles nous causeroient plus d'embarras qu'elles ne sauroient nous procurer d'avantages , et que nous sommes bien plus heureux d'en être privés. De plus, si nous avions à traverser un si grand espace , n'aurions-nous pas besoin de nous reposer par intervalles ? et ne courrions - nous pas le risque de nous briser en mille pièces , en descendant , les ailes déployées , dans les abîmes que je viens de vous peindre ?

Je reviens à vous, Charlotte , pour le projet que vous aviez tout-à-l'heure , de dessécher d'un souffle le lit de la mer. Savez-vous ce que cette belle imagination nous auroit coûté ? Le dépérissement de la nature entière. Vous frémissez du risque auquel vous nous avez exposés. Rassurez-vous ; le Créateur, qui a su disposer toutes choses avec tant de sagesse pour notre bonheur , n'écoute point nos vœux téméraires. Cette mer, qui semble à chaque instant menacer la terre de l'engloutir, est la source de sa fertilité. C'est elle qui lui fournit ces douces ondées qui la fécondent et qui rafraîchissent ses habitans. Vous avez eu souvent occasion de voir de l'eau exposée sur le feu, produire des vapeurs qui s'attachent en gouttes au couvercle du vase qui la contient : c'est ainsi que la chaleur produite par la présence du soleil, fait exhaler de la mer des vapeurs qui s'élèvent dans les airs, d'où elles retombent ensuite en pluie, en neige ou en rosée, soit pour féconder la terre par une humidité bienfaisante, soit pour entretenir les ruisseaux, les rivières et les fleuves qui la baignent, et facilitent les communications entre les différens peuples de l'univers. Je ne puis à présent vous donner qu'une idée légère de cette admirable opération de la nature. Mon dessein n'est pas de faire de vous des savans, mais d'exciter un peu votre curiosité, sans fatiguer votre attention ni votre intelligence. Vous trouverez un jour des détails plus étendus dans l'ouvrage de votre ami.

En nous entretenant de la terre, dans la première partie de ce livre, je vous ai parlé des animaux qu'elle nourrit, et de ses productions naturelles. Vous semblez désirer que je vous fasse également connoître ce qui nous vient de la mer. Je me fais un plaisir de vous donner cette satisfaction.

LES POISSONS.

Les habitans des eaux sont les poissons , dont les différentes espèces sont tout au moins aussi nombreuses que celles des animaux terrestres. Il en est d'une grandeur si étonnante , que je ne saurois à quoi les comparer : il en est au contraire d'une petitesse qui les dérobe à la vue ; quelques-uns très-jolis à voir, quelques-autres d'un aspect hideux.

Vous avez vu souvent servir sur nos tables des turbots , des soles , des merlans , des brochets, des dorades , des maquereaux, des esturgeons, et une infinité d'autres , dont vous avez trouvé la chair d'un goût délicieux ; tous ceux-là se prennent sur nos côtes. Les pêcheurs, montés sur leurs barques , n'ont qu'à s'avancer un peu dans la mer, et laisser tomber leurs filets pour les attraper en grande abondance. Ils les amènent aussitôt dans le port, et de là ils sont dispersés dans tous les lieux où ils peuvent arriver avant de se corrompre.

Il en est en revanche qu'il faut aller chercher un peu loin, tels que la baleine, la morue et le hareng. Je vais vous en parler avec quelque détail, parce que cette pêche est plus considérable, et qu'elle offre des particularités dignes de votre attention.

LA BALEINE.

On peut donner à la baleine le titre de reine de l'Océan. Sa grandeur est énorme ; quelques-unes ont deux cents pieds de long. Vous avez trois pieds, Henri ; ainsi une baleine est soixante fois plus longue que vous, et vingt fois plus grosse. Un homme pourroit se tenir à l'aise dans ses entrailles. Elle a une grande queue, capable, par sa force, de renverser d'un seul coup un vaisseau ; ce qui rend sa pêche très-dangereuse. Voici comme elle se fait :

Cinq ou six hommes montent sur une chaloupe ; l'un d'eux se tient sur le bord. Aussitôt que la baleine s'élève du fond de la mer pour respirer, il lui lance sur le

dos un crochet long d'environ six pieds,
et qui tient à une longue corde. La baleine
se sentant blessée, plonge aussitôt pour se
dérober à d'autres coups. On file la corde
de toute sa longueur, et on suit l'animal
à la trace de son sang. Le besoin de respirer la fait bientôt remonter, et on lui
lance de nouveaux harpons, jusqu'à ce
qu'elle meure de ses blessures. Alors elle
surnage, et le vaisseau qui suit la chaloupe, vient la prendre. Lorsqu'elle est
trop grande, on la traîne sur le rivage,
pour la couper en morceaux ; mais si elle
n'a que cinquante ou soixante pieds de
long, on en fait une espèce de ceinture
au vaisseau ; et les matelots, avec des bottes dont la semelle est armée de crampons,
de peur de glisser, descendent sur son
corps et la dépouillent de sa graisse, dont
on remplit des tonneaux. C'est cette graisse
qui, étant bouillie, rend l'huile dont on
se sert ordinairement pour brûler dans les
lampes, pour préparer la laine, les cuirs,
et pour une infinité d'autres usages. Les
buscs du corset de votre sœur, et les baleines de mon parasol, ne sont que des
poils de sa barbe ; ils lui servent à ramasser les plantes marines, les vers et les insectes dont elle se nourrit. Elle mange

aussi de petits poissons, tels, que les an-
chois, les merlus, et sur-tout les harengs,
dont elle est très-friande. Ses petits, lorsqu'ils finissent de teter, sont de la grosseur d'un taureau.

Outre le danger d'être renversés par la
queue de la baleine, ou par l'eau qu'elle
lance en colonnes par deux trous ouverts
sur sa tête, les pêcheurs courent un autre
risque non moins affreux. Comme cette
pêche se fait ordinairement dans une mer
que la rigueur du climat couvre de glaces,
les vaisseaux sont quelquefois brisés par
les glaçons, ou s'en trouvent tout-à-coup
enveloppés, de manière que l'équipage est
réduit à périr de froid.

LA MORUE.

La chair de la baleine n'est pas bonne à
manger; celle de la morue, au contraire,
est d'un goût délicieux. Elle fait presque
la seule nourriture d'une très-grande partie des peuples du Nord, qui ne recueillent
chez eux que peu de fruits et de blé. Ils
en font sécher une partie, qu'ils mangent
au lieu de pain, et ils vendent le reste à

des marchands qui vont les acheter à vils prix , pour les répandre en différentes contrées.

Mais cette pêche n'est rien , en comparaison de celle qui se fait bien loin d'ici , au banc de Terre - Neuve , qu'on appelle le grand banc des morues. Il s'y rend des vaiseaux de tous les coins du monde. Vous pourrez vous former une légère idée de la grande quantité de poissons que l'on y prend , quand vous saurez que la pêche dure trois mois entiers , depuis le mois de janvier jusqu'à la fin d'avril ; que cinquante mille hommes au moins y sont employés , et que chacun prend trois ou quatre cents morues par jour. Ces animaux sont si voraces , qu'il suffit , pour les amorcer , d'un morceau d'étoffe rouge , ou d'un hareng de fer-blanc , d'où pend l'hameçon. En jetant dans la mer les entrailles de ceux que l'on a déjà pris , on attire les autres , qui viennent pour les dévorer en si grande foule , qu'ils se pressent les uns sur les au-tres , au point que leurs nageoires sont au-dessus de l'eau.

La morue verte et la morue sèche , ap-pelée ordinairement merluche , ne sont que le même poisson diversement prépa-ré. Il suffit de saler la première aussitôt qu'on vient de la vider, parce qu'on la mange dans l'année ; l'autre doit rester exposée pendant quelques jours au vent du nord, qui est si froid et si pénétrant, qu'il la dessèche, et la met ainsi en état d'être conservée pendant plusieurs années de suite, sans se gâter. On en fait des tas plus hauts que des maisons, et l'on en remplit ensuite la cale des vaisseaux qui nous les apportent.

LE HARENG.

Une pêche plus considérable encore, est celle des harengs. La multiplication de ces poissons est prodigieuse. Aussitôt qu'ils ont déposé leurs œufs sous les glaces du nord, où leurs ennemis ne peuvent pénétrer, ils partent pour aller chercher leur nourriture en d'autres mers. Ils nagent en grandes colonnes, qui s'élargissent ou se rétrécissent au signal qu'ils reçoivent de leurs conducteurs. Ils forment quelquefois une ligne de plus de cent lieues de front ; puis ils se séparent par grosses troupes, pour se répandre en divers quartiers ; et enfin, après avoir parcouru une grande partie du globe, ils se réunissent, et reviennent, par deux colonnes opposées, aux lieux d'où ils sont partis.

On est averti de leur passage par les oiseaux de mer qui volent au-dessus de leurs têtes pour les saisir quand ils approchent de la surface de l'eau, et par les baleines et d'autres gros poissons, qui les suivent toujours comme une proie assurée. La pêche commence le lendemain de la Saint-Jean. Elle ne se fait que la nuit, soit parce qu'il est plus facile de les distinguer à la lueur que jettent leurs yeux et leurs écailles, soit parce qu'on peut les attirer par l'éclat des lanternes qu'on allume le long des filets. Ces feux, qu'ils prennent pour le jour, servent aussi à les éblouir, et à les empêcher de voir le piége qu'on leur a tendu. Il est impossible de se figurer le nombre que l'on en prend dans vingt jours à peu près que dure cette pêche. Les filets, qui ont plus de douze cents pieds de longueur, rompent sous le poids. Il est tel port de la Hollande, d'où il part plus de trois cents barques pour cette expédition ; et l'on y compte environ cent mille hommes dont elle occupe les bras.

Les harengs frais se préparent comme la morue, par la salaison. Les harengs saurs,

après avoir été exposés pendant six semaines à la fumée, deviennent secs, comme
vous les voyez. On les met ensuite dans
des barils, bien serrés les uns contre les
autres, et on les envoie dans presque toutes les parties du monde, pour servir à la
nourriture des pauvres.

Quand je vous ai dit que les différentes
espèces d'animaux qui vivent dans la mer
étoient tout au moins aussi nombreuses
que celles des animaux terrestres, vous
n'avez pas attendu que je vous fisse une
description particulière de chacun. Je n'ai
voulu vous faire connoître que ceux dont
vous pouvez entendre parler tous les jours,
ou que vous avez occasion de voir le plus
souvent. Je me flatte que, lorsque votre
intelligence sera un peu plus formée, vous
vous empresserez de vous-mêmes de vous
instruire davantage ; et je puis vous promettre d'avance que vous y trouverez infiniment de plaisir. Savez-vous pourquoi
il y a tant de personnes ignorantes dans
le monde ? C'est que l'on a négligé, dans
leur enfance, de leur présenter les objets
qui étoient à leur portée, et de les accoutumer ainsi à observer de bonne heure les
merveilles de la nature. Les pauvres gens !
il faut les plaindre, sans leur faire de re-

proches, puisqu'ils n'ont pas trouvé de secours pour leur instruction. Mais aujour-
d'hui que les enfans ont tant de bons livres
destinés à leur former l'esprit et le cœur,
ne seroit-il pas honteux qu'ils fussent méchans ou mal instruits ? En tout cas, malheur à ceux qui le seront ! puisque les lumières et les bons principes étant aujour-
d'hui très-répandus, ils ne pourront pas,
comme autrefois, se cacher dans la foule
pour se sauver du mépris. Ils trouveront de
toutes parts des yeux éclairés, qui, d'un
seul regard, découvriront leurs vices ou
leur ignorance ; ils seront forcés de vivre
seuls, abandonnés aux dédains des autres,
et au sentiment, peut-être plus cruel encore, de leur propre indignité.

Mais revenons à nos poissons. N'allois-
je pas oublier de vous dire qu'ils n'ont point
de jambes ? De quel air vous me regardez,
Henri ! Pardon, monsieur ; je ne me doutois pas encore à quel observateur je parlois. Permettez-moi cependant de vous apprendre pourquoi ils n'en ont point. C'est
parce qu'ils ne sauroient en faire usage,
et qu'elles ne feroient que les embarrasser.
Comme ils ne sortent point de l'eau, elles
leur seroient aussi inutiles pour nager, que

des nageoires nous seroient inutiles pour marcher sur la terre.

N'allez pas croire d'après cela que tous les poissons aient des nageoires. La nature qui n'a rien épargné pour nous donner tout ce qui nous est nécessaire, est en même temps assez économe pour ne nous donner rien de superflu. C'est pour cela que les huîtres et les moules, qui passent leur vie attachées à l'endroit où elles ont pris naissance, ne sont pas pourvues d'un instrument qui ne leur serviroit à rien. Je vais vous apprendre quelques particularités sur ces coquillages.

L'HUITRE.

L'HUITRE est un de ces animaux qui paroissent, au premier coup d'œil, avoir été traités avec un peu de rigueur par la nature, mais qui, sous un autre aspect, attestent le plus hautement la sagesse et la providence divines. Renfermée dans une étroite prison, privée de mouvement et d'industrie, elle n'en trouve pas moins sa subsistance. En entr'ouvrant ses écailles, elle reçoit à chaque instant de la mer les petits insectes, les débris de plantes, et les sucs limoneux dont elle se nourrit. Les flots se chargent de ses œufs, et vont les poser dans le fond de la mer ou sur les rochers, quelquefois même aux branches des arbres que la marée baigne; en sorte qu'elles se trouvent tour-à-tour plongées dans l'eau et suspendues dans l'air. On se plaît à servir sur la table ces branches, couvertes à la fois d'huîtres et de fleurs.

La chair des huîtres est naturellement blanche. Pour les rendre vertes, on va les pêcher sur les rochers ou au fond des eaux, et on les enferme le long des bords de la mer, dans de petites fosses. Au bout de six semaines, la mousse qui se forme dans ces fosses, et qui rend l'eau verdâtre, comme vous la voyez dans nos mares, imprègne les huîtres de cette couleur.

Les écailles, au bout de vingt-quatre heures, commencent à se former sur les huîtres naissantes. Je vous en ai fait observer de presque imperceptibles, attachées à la coquille de leurs mères.

Quelques oiseaux de mer aiment les huîtres autant que nous. Ils attendent qu'elles ouvrent leurs écailles pour fondre précipitamment sur elles, et les percer à coups de bec, avant qu'elles aient pu se claque-

murer. Quelquefois aussi l'huître leur prend
à eux-mêmes le bec en se refermant.

Le crabe, son ennemi mortel, est plus
adroit que l'oiseau. Lorsqu'il voit l'huître
s'entr'ouvrir, il jette entre ses coquilles un
petit caillou, qui les empêche de se rejoindre ; et alors il dévore sa proie sans danger.

Il est une espèce d'huître appelée per-
lière, qui produit les perles que vous voyez
aux colliers des femmes, et la nacre dont
on fait des jetons, des navettes et des manches de couteaux. Les perles se trouvent,
soit dans le corps de l'animal, soit attachées à l'intérieur de ses écailles ; ces mêmes écailles forment la nacre. Des hommes
accoutumés dès l'enfance à plonger, vont
les chercher au fond de l'eau, quelquefois
à cent pieds de profondeur. Ils en remplissent des sacs, et viennent les décharger sur
le rivage. On attend que l'huître s'ouvre
d'elle-même, ce qui arrive au bout de deux
ou trois jours ; et alors on lui arrache ses
trésors, auxquels notre folie met un assez
grand prix, pour exposer de malheureux
plongeurs à être dévorés par des poissons
voraces, à se briser contre les rochers, ou
à être étouffés par les eaux.

On est parvenu à imiter les perles naturelles par des perles fausses, au point d'en

rendre la différence très-peu sensible. Il
est un petit poisson appelé ablette, dont
les écailles sont très-brillantes. On rassemble ces écailles dans l'eau, et on les frotte
pour en détacher une matière visqueuse
dont elles sont couvertes. Cette matière se
précipite en liqueur argentée au fond du
vase. On la recueille avec soin, et on y
mêle un peu de colle de poisson, qui lui
donne plus de consistance ; ensuite on a
des grains de verre fin, creux et très-min-
ces, où l'on fait entrer une goutte de cette
liqueur ; on roule les grains avec adresse,
pour que la matière s'y répande partout
également, et y forme une couche bien
unie : lorsqu'elle est sèche, on fait couler
de la cire fondue dans le verre, pour donner à la perle de la solidité, du poids et
de la blancheur.

Les perles fausses ont l'avantage d'être
plus égales entre elles que les perles véritables, et d'avoir la grosseur qu'on veut leur
donner. Si elles n'ont pas tout-à-fait le
même éclat, du moins elles sont infiniment moins coûteuses ; elles réussissent
aussi-bien dans la parure, et n'inspirent
jamais à celle qui les porte, la crainte de
les avoir achetées au prix de la vie d'un de
ses semblables. N'est-il pas déjà assez cruel

de compromettre l'existence de ses frères,
pour se procurer les douceurs de la vie,
sans la risquer encore pour les plus mépri-
sables jouissances de la vanité ? Quelle petitesse d'esprit de s'estimer davantage pour
de beaux habits et des bijoux ! Ces insensés
devroient considérer un moment que l'or,
l'argent et les pierreries dont ils sont chargés, étoient ensevelis dans les entrailles de
la terre, et qu'ils n'ont pas même le mérite de les avoir travaillés ; que leurs soie-
ries ne sont que les dépouilles d'un petit
ver rampant qui les a portées avant eux,
que, sans l'industrie de ces honnêtes ou-
vriers qu'ils méprisent, ils n'auroient su
en tirer aucun parti. Eh ! que deviendroient
les riches sans les pauvres ? Seroient-ils en
état de faire leurs chaussures, de bâtir leurs
maisons, de labourer leurs terres, de ton-
dre leurs troupeaux, et de faire une infinité d'autres choses devenues nécessaires
dans l'état où se trouve aujourd'hui la société ? Qu'ils se parent, s'ils veulent, avec
un peu plus d'éclat, pour encourager l'industrie, et soutenir les manufactures ; mais
qu'ils apprennent en même temps à se conduire avec douceur et bienveillance envers
ceux dont les mains sont employées à leur
service ! Qu'ils se souviennent que le moin-

dre artisan, s'il remplit les devoirs de sa condition, est un membre de l'état plus utile qu'eux-mêmes, à moins qu'ils ne se distinguent autant par leur modestie et leur générosité, que par leur rang et par leurs richesses !

De leur côté, les pauvres ne doivent jamais oublier les égards dont ils sont tenus envers leurs supérieurs, mais les traiter avec respect et fidélité, et surtout, ne point leur porter une jalouse envie. S'ils sont économes, sobres et laborieux, ils peuvent, dans quelque métier qu'ils exercent, être aussi heureux que les riches, par la jouissance d'une santé robuste, le repos de l'esprit et le calme de la conscience, sans être exposés aux inquiétudes et aux agitations qui tourmentent presque toujours dans une situation plus élevée.

Ces réflexions nous ont un peu écartés de l'objet de notre entretien ; mais je vous les ai présentées comme elles devroient se présenter souvent à notre esprit, afin de nous former une philosophie aussi douce pour nous-mêmes, que favorable pour nos frères. Tout le bonheur sur la terre consiste en deux choses bien simples, et qui devroient être bien aisées : *Aimer et se faire aimer*

LA MOULE.

Il est aussi des moules dans lesquelles on trouve de la nacre et des perles. D'autres ont des coquilles de la plus grande beauté, qui réunissent toutes les couleurs de l'arc-en-ciel. Quelques-unes sont si grosses, qu'elles pèsent jusqu'à une demi-livre sans leurs coquilles.

La moule, comme l'huître, demeure immobile sur le rocher où elle a pris naissance. Pour empêcher que les vents ou les flots n'emportent sa maison, elle allonge hors de sa coquille une espèce de bras dont elle est armée, et tend autour d'elle une multitude de petits filets, qui, l'assujétissant de tous les côtés, sont comme autant de câbles qui la retiennent à l'ancre.

L'ennemi particulier de la moule est un petit coquillage qui s'attache sur sa coquille supérieure, la perce d'un petit trou fort rond, et passant une trompe aiguë par cette ouverture, suce la chair jusqu'au dernier morceau

LE NAUTILE.

Après vous avoir parlé de navigation et de coquillages, la peinture d'un poisson qui navigue dans sa coquille doit sûrement vous intéresser. Ce poisson est le nautile. On prétend que c'est de lui que les hommes ont appris à naviguer. Au moins la forme de sa coquille approche de celle d'un vaisseau ; et l'animal semble se conduire sur les ondes, comme un pilote conduiroit son navire.

Quand le nautile veut s'élever du fond de la mer, il retourne sa coquille sens dessus dessous ; et à la faveur de certaines parties de son corps qu'il gonfle ou qu'il resserre à volonté, il traverse toute la masse des eaux. En approchant de leur surface, il retourne adroitement son petit navire, dont il vide l'eau, à l'exception de ce qu'il lui en faut pour le lester, et pour marcher avec autant de sûreté que de vitesse. Alors il élève deux espèces de bras, et étend, comme une voile, la membrane mince et légère qui les unit. Il allonge et plonge dans la mer deux autres membres qui lui tiennent lieu d'avirons. Un autre lui sert de gou-

vernail; et il se met à voguer habilement,
soumettant les vents et les flots à son
adresse. A l'approche d'un ennemi, ou
dans les tempêtes, il baisse sa voile, retire son gouvernail et ses rames, et pen-
chant sa coquille, il la remplit d'eau pour
se précipiter plus aisément sous les ondes

Le nautile est un navigateur perpétuel,
qui est à la fois le pilote et le navire. On
voit quelquefois dans les temps calmes,
de petites flottes de cette espèce sur la surface de la mer.

LA TORTUE.

JE vais maintenant vous parler de la tortue, dont le nom vous est assez connu par
les fables de notre bon ami La Fontaine,
où elle remplit souvent un personnage.

On en compte de trois espèces ; de mer
d'eau douce et de terre.

Les tortues de mer sont les plus grandes.
Il en est de si énormes, qu'on a vu quatorze hommes à la fois monter sur une
écaille. Cette écaille peut former toute
seule une barque et une maison. Lorsqu'on s'en est servi pendant le jour, pour
naviguer le long des côtes de la mer, on

la porte le soir sur le rivage ; et la voilà
qui, soutenue par les rames qui l'ont fait
voguer, devient une petite cabane où l'on
trouve un arbri contre la pluie et les inju-
res de l'air.

Les tortues de mer prennent leur nourriture dans des espèces de prairies qui sont
au fond des eaux, le long de plusieurs îles
de l'Amérique. Des voyageurs rapportent
que dans un temps de calme, on découvre sous les ondes ce beau tapis vert, et
les tortues qui s'y promènent. Quand elles
ont fini leur repas, elles s'élèvent sur la
surface des flots, toujours prêtes à s'enfoncer bien vite à l'approche de l'oiseau
de proie ou des pêcheurs qui les guettent
Quelquefois cependant la grande chaleur
du jour les surprend et les assoupit. On
profite alors de leur sommeil pour les har-
ponner de la même manière que les baleines, ou pour les prendre vivantes, ainsi
que je vais vous le raconter.

Un plongeur vigoureux se place sur le
devant d'une chaloupe. Parvenu à une petite distance de la tortue flottante, il plonge doucement, de peur de la réveiller, et
va remonter fort près d'elle. Alors, saisis-
sant tout-à-coup l'écaille vers la queue,
il s'appuie sur le derrière de l'animal, et

fait enfoncer cette partie dans l'eau. La pauvre tortue n'a pas l'esprit de réfléchir qu'en plongeant elle se débarrasscroit de son ennemi. Vous avez lu l'histoire de l'âne de la Fable, qui, après avoir fait tant de façons pour entrer dans le bateau quand on le tiroit par son licou, s'y précipita brusquement lorsqu'on s'avisa de le tirer en arrière par la queue ? Eh bien, la tortue n'y met pas plus de finesse. Dès qu'elle se sent tirer vers le fond de l'eau, elle s'efforce de se soutenir au-dessus, en agitant ses pattes de derrière. Ce mouvement en effet l'y soutient, elle et le plongeur ; mais pendant ce débat, les autres pêcheurs arrivent, la renversent adroitement sur le dos ; et comme, dans cette situation, elle ne peut plus s'enfoncer, ils la poussent de leurs mains jusqu'à la chaloupe. On prétend qu'elle jette alors de profonds soupirs, et verse des larmes abondantes.

On prend aussi les tortues de mer sur la terre. La chasse la plus considérable se fait dans l'île de l'Ascension. Elle est encore inhabitée, parce qu'on n'y a pu découvrir aucune source d'eau douce ; mais la quantité de tortues qu'on y trouve, engage la plupart des vaisseaux à s'y arrêter, à dessein d'en faire leur provision pour les ma-

telots attaqués du scorbut, qui est une
maladie que l'on prend ordinairement sur
la mer. Cette île, pour vous le dire en passant, est une espèce de bureau de poste,
parce que les marins, en s'éloignant du
rivage, y laissent un billet dans une bouteille bien fermée, pour donner de leurs
nouvelles à ceux qui viennent après eux,
et en apprendre à leur retour.

La pente unie et facile du sable dont elle
est bordée, est très-favorable pour les tortues, qui viennent, dit-on, de plus de cent
lieues pour y faire leur ponte. Vous voyez
encore par là, combien la tortue de mer
est différente à cet égard de la tortue de
terre, dont la lenteur a passé en proverbe.
Celle-ci emploîroit toute sa vie à faire ce
voyage ; les autres, grâce à leur talent de
nager, le font en peu de temps. Elles descendent sur la plage, et remontent un peu
au-dessus de l'endroit où les flots peuvent
atteindre. Alors avec leurs pattes elles creusent un trou peu profond, où elles dépo-
sent leurs œufs ; puis elles les recouvrent
légèrement de sable, afin que la chaleur
du soleil les échauffe et fasse éclore les
petits.

Ces œufs sont d'une forme ronde, et de
la grosseur d'une bille de billard ; ils ont

du blanc et du jaune comme les œufs de poule; mais ils ne sont pas si bons à manger. L'enveloppe en est mollasse, et ils paroissent au toucher comme un œuf de poule durci qu'on a dépouillé de sa coque.

Vingt-cinq jours environ après la ponte, on voit de tous côtés percer de dessous le sable, de petites tortues déjà formées, et couvertes de leurs écailles, qui, sans être guidées par leurs mères, seules, et par le pur mouvement de leur instinct, s'acheminent tout doucement vers le bord de la mer. Malheureusement pour elles, la force des vagues les repousse, et les oiseaux de proie les enlèvent la plupart, avant qu'elles aient acquis assez de vigueur pour manœuvrer contre les flots, et gagner le fond de la mer, comme un refuge pour leur foiblesse. Aussi, de deux cent soixante œufs ou environ que pond chaque tortue, à peine en voit-on réchapper une douzaine.

Comme les tortues attendent ordinairement les ténèbres, afin de dérober à la vue des oiseaux le dépôt où elles cachent l'espérance de leur famille, les marins attendent aussi ce moment pour faire leur coup: Dès la fin du jour, ils abordent sur la côte, et s'y tiennent sans bruit en embuscade, guettant leur proie d'un œil attentif. Aussi-

tôt que les tortues ont quitté la mer, et
en sont assez éloignées pour qu'ils puissent
leur couper le retour, ils marchent à elles
et les renversent sur le dos, les unes après
les autres. Cette opération doit se faire avec
autant de prudence que d'agilité, de peur
que la tortue, en se débattant avec ses
pattes, ne leur fasse voler du sable dans
les yeux. Dans cette posture incommode,
qui la prive de tout moyen de défense, elle
ne songe qu'à faire rentrer ses pattes et sa
tête sous son écaille, laissant de cette manière la plus grande facilité pour la trans-
porter à bord du vaisseau. Quelquefois on
la mange sur le rivage même. Après l'avoir
tuée avec précaution, crainte d'endomma-
ger ses œufs, on l'assaisonne avec du poi-
vre, du sel, du gérofle et du citron, et son
écaille sert de casserole pour la faire cuire.

La chair de tortue salée est d'une aussi
grande ressource dans l'Amérique, que la
morue en Europe. On en tire aussi de
l'huile. Une grosse tortue en fournit plus
de trente bouteilles. La chair des plus petites pèse cent cinquante livres; les tortues
ordinaires en donnent deux cents. On en
prit une, il y a plusieurs années, sur les
côtes de France, d'environ six pieds de
long, qui pesoit entre huit et neuf cents

livres. Deux ans après on en prit une autre, longue de cinq pieds, et du poids de près de huit cents livres. Le foie seul se trouva suffisant pour fournir abondamment à dîner à plus de cent personnes. Sa graisse que l'on fit fondre, prit la consistance du beurre, et fut trouvée d'un fort bon goût.

La croissance des tortues de mer est très-rapide. Un de ces animaux qu'on avoit mis très-jeune dans un petit baquet, s'y trouva à l'étroit au bout de quelques jours. On la mit dans une moitié de barrique ordinaire, et l'on se vit bientôt obligé de lui donner un grand muid pour logement. Le vaisseau qui la portoit ayant fait naufrage sur les côtes de France, la tortue se sauva dans la mer. Comme il n'en vient point ordinairement dans ces climats, on a soupçonné que celle-ci est l'une des deux dont il étoit question tout-à-l'heure, qui fut prise quatorze ans après, pesant près de huit cents livres. Elle n'en pesoit que vingt-cinq lorsqu'on l'embarqua.

La force de ces animaux est extrême. On en voit qui portent cinq à six hommes assis sur leur dos. Leur vie est aussi très-dure et très-longue ; elle s'étend quelquefois au delà de quatre-vingts ans.

Les tortues d'eau douce ressemblent beaucoup à celles de la mer. Aux approches de l'hiver, elles viennent à terre, s'y creusent des trous, et y passent toute la saison sans manger, dans un état d'engourdissement. On les voit même dans l'été, passer plusieurs jours sans prendre de nourriture. Elles détruisent beaucoup de poissons dans les étangs.

La tortue de terre se trouve sur les montagnes, dans les forêts, dans les champs et dans les jardins. Elle vit d'herbes, de fruits, de vers, de limaçons et d'autres insectes. Celles que l'on garde dans les maisons pour en faire des remèdes, peuvent se nourrir avec du son et de la farine.

L'écaille de toutes les espèces de tortues sert à faire des tabatières, des manches de couteaux, de rasoirs, de lancettes, et une infinité de jolis bijoux.

LES COQUILLAGES.

Outre les poissons dont je viens de vous entretenir, je pourrois vous en nommer plusieurs encore, dont la seule peinture ne vous intéresseroit pas moins vivement

Les uns sont armés d'une épée ou d'une scie, les autres hérissés de pointes ou d'épines, etc. L'objet pour lequel la nature leur a donné ces armes, l'usage qu'ils en savent faire, les besoins qu'ils éprouvent pour leur subsistance, les moyens qu'ils emploient pour y pourvoir, les différens degrés de leur instinct et de leur industrie; tout en eux et dans tous les autres, est bien digne de votre curiosité. Ne sentez-vous point déjà le plaisir que vous goûterez un jour en cherchant à pénétrer les merveilles étalées de tous côtés à vos regards? Que diriez-vous de celui qui, venant d'hériter d'un superbe palais, iroit se renfermer stupidement dans l'alcove la plus enfoncée, sans chercher à connoître les ameublemens précieux dont il est environné? Tel, et plus stupide mille fois seroit l'homme, héritier de Dieu sur la terre, qui végéteroit entouré de prodiges vivans qui sollicitent sans cesse sa curiosité, sans qu'un noble désir le portât jamais à la satisfaire. Les devoirs que son état, quel qu'il soit, l'oblige de rendre à la société, ne sont point un obstacle à son instruction. Combien d'heures perdues dans des amusemens frivoles, qu'il pourroit consacrer à acquérir des connoissances utiles, sources inépuisables des plaisirs les plus flatteurs ! L'homme instruit n'éprouve jamais dans sa vie un seul moment de solitude ou d'ennui. Dans la profondeur des déserts, il trouve une société nombreuse qu'il interroge, et dont il sait entendre la voix. Un brin d'herbe, un insecte, suffisent pour réveiller en lui une foule d'idées, et pour lui faire parcourir dans un instant le cercle immense de la création. La juste valeur dont il s'accoutume à priser les choses humaines, l'étendue et la dignité que ses réflexions donnent à son esprit, le tiennent aussi loin de l'orgueil que de la bassesse ; et ses lumières peuvent élever sa fortune, sans en dégrader l'ouvrage par de vils moyens.

Vous n'êtes pas encore en état, mon cher Henri, de sentir toute la vérité de ce que je viens de vous dire ; mais il me sembloit voir vos parens auprès de vous, et c'est à eux que je m'adressois pour leur inspirer le désir de travailler à votre bonheur, en vous faisant acquérir les connoissances qui le procurent. Je crois aussi lire dans vos yeux que tout ce que vous avez pu saisir de ce tableau, vient d'allumer votre imagination, et que vous brûlez d'impatience de vous instruire. Mettons à profit des dispositions si favorables, et reprenons le ton familier de nos entretiens.

Vous avez vu des bouquets formés de coquilles, dont les nuances représentoient celles des plus belles fleurs ; vous avez admiré les jolis compartimens qu'on en faisoit sur nos surtouts de dessert, l'effet agréable qu'elles produisent sur le bord des bassins, dans la décoration des grottes et des cascades : mais ce ne sont encore là que des coquillages uniformes et communs, tels que la mer les jette en profusion sur ses rivages. C'est dans les cabinets des curieux que vous pourrez en observer d'un choix rare, et d'une variété presque infinie. C'est là que vous passerez des journées entières à vous extasier sur l'élégance ou la singularité de leurs formes, l'éclat et la diversité de leurs couleurs.

Chacune de ces coquilles renfermoit autrefois un poisson qui vivoit au fond de la mer, retiré dans son palais immobile, ou qui l'emportoit avec lui en nageant, par une manœuvre admirable, telle que je vous l'ai peinte tout-à-l'heure dans l'histoire du nautile.

Une autre histoire non moins intéressante pour vous, est celle d'une espèce d'écrevisse qu'on nomme Bernard l'Ermite, ou le Soldat.

Bernard l'Ermite est couvert d'écailles dans tout son corps, excepté sur l'extrémité du dos. Pour mettre cette partie à l'abri de ce qui pourroit la blesser, il va, dès sa naissance, chercher une coquille vide, dans laquelle il s'établit, jusqu'à ce qu'en grandissant il ait besoin d'un logement plus vaste.

Lorsque ce moment est venu, sans quitter sa première coquille, il va sur le rivage en chercher une autre. Dès qu'il l'a trouvée, il sort de l'ancienne pour essayer la nouvelle. S'il ne la juge pas bien proportionnée à sa taille, il va plus loin, mesurant toutes celles qu'il rencontre, jusqu'à ce qu'il en ait une qui lui convienne. Aussitôt il s'y glisse avec une extrême précipitation, et, dans sa joie, il fait deux ou trois caracoles sur le sable. Il a toujours soin de choisir un ermitage assez spacieux pour pouvoir se tapir dans le fond, de manière à le faire croire inhabité ; ce qu'il pratique au moindre bruit qui se fait entendre. Si par hasard un de ses camarades se trouve dépouillé en même temps que lui, pour entrer dans la même coquille, il se livre aussitôt entr'eux un combat, et le plus foible abandonne la coquille au vainqueur.

C'est apparemment pour ces combats que Bernard l'Ermite a obtenu le surnom de Soldat, ou peut-être aussi parce qu'il a l'air d'une sentinelle dans sa guérite.

L'histoire des coquillages forme une branche très-curieuse de la connoissance de la nature. On aime à voir comment, pour nous donner dans tous ses ouvrages une idée de sa grandeur et de sa richesse, elle a revêtu un vil poisson de sa livrée la plus brillante.

Des plongeurs vont chercher les coquilles au fond des eaux. La mer, dans les tempêtes qui la bouleversent dans toute sa profondeur, en jette aussi quelquefois sur ses bords.

PLANTES MARINES.

Les plantes marines ne sont pas, à beaucoup près, aussi variées que celles de la terre. Je me contenterai de vous dire quelques mots des algues et des fucus.

Les feuilles de l'algue commune sont d'environ deux ou trois pieds de longueur,

molles, d'un vert sombre, et semblables
à des courroies. On en trouve une espèce
dans les mers du Nord, dont les feuilles
sont jaunâtres. Lorsque cette plante est
exposée au soleil, il transpire de ses feuilles de petits grumeaux d'un sel doux et de
bon goût, dont on fait usage en guise de
sucre.

Les fucus sont la plupart ramifiés en
arbrisseaux. Il s'élève sur leurs feuilles de
petites vessies remplies d'air, comme des
ballons, qui tiennent la plante debout dans
l'eau, ou l'y font flotter. Il en est quelques
espèces d'une jolie couleur de rose, de vert
et de citron ; on les fait bien tremper dans
de l'eau douce en sortant de la mer, puis
on les fait sécher entre deux papiers, ou
sur un carton que l'on couvre d'un verre ;
ce qui produit des tableaux fort agréables

LE CORAIL.

Vous avez pris souvent, mes amis, pour
des arbrisseaux ou des plantes, ces productions marines que vous aviez tant de plaisir à considérer dans le cabinet de votre
papa. Des personnes qui, soit dit sans vous
offenser, étoient incomparablement plus

habiles que vous, ont toujours vécu dans la même erreur, qui s'est perpétuée pendant plusieurs siècles : ce qui vous prouve avec quelle attention il faut étudier la nature pour découvrir ses secrets.

Je vais d'abord vous parler du corail, qui a dû vous frapper le plus vivement, et qui vous servira à mieux comprendre ce qui concerne les autres.

Le corail, dont la teinte est ordinairement rouge, et quelquefois blanche, ou mélangée de ces deux couleurs, a la figure d'un arbrisseau. Sa plus grande hauteur est d'un pied ou un peu plus. Sa tige, à peu près de la grosseur de mon pouce, est couverte d'une espèce d'écorce, et porte des branches dépouillées de feuilles, mais qui semblent présenter des graines et des fleurs. Voilà des apparences bien séduisantes pour le croire un petit arbre : n'est-ce pas ? cependant, ce n'est que l'ouvrage de petits vers appelés polypes. Je vais vous dire comment ces ingénieux architectes en forment l'édifice pour leur habitation.

Aussitôt que les œufs de polypes, assemblés en peloton sous quelque rocher, sont éclos, ces animaux commencent à se bâtir en rond, et l'une contre l'autre, de petites cellules, qu'ils forment à la manière des limaçons et des coquillages, d'une substance qui s'échappe de leurs corps. A mesure que cette substance devient plus abondante, et s'épaissit au point de remplir le fond des tuyaux qu'ils habitent, ils sont forcés de monter un peu plus haut, et d'en former d'autres au-dessus, dans la même direction. Ceux-ci se remplissent de la même manière ; par où le corail acquiert sa dureté : et comme, dans l'intervalle, la famille se multiplie, les nouveaux-nés forment d'un côté et d'autre des colonies, d'où proviennent les branches qui se ramifient à leur tour.

Les fleurs qu'on avoit cru remarquer sur les branches, ne sont que les bras de ces polypes, qu'ils étendent en forme de griffes, pour saisir les débris d'insectes dont ils se nourrissent ; et les graines prétendues ne sont que leurs œufs.

C'est de la même manière, mais avec quelque variété, suivant les différentes espèces de polypes, que se forment les coralines, les litophytes, les éponges, les madrepores et d'autres polypiers, qui se trouvent en certains endroits dans une si grande abondance, que le fond de la mer ressemble à une épaisse forêt.

Vous vous félicitez sans doute, mes amis

de tout ce qu'il vous reste d'intéressant à apprendre dans l'étude de la nature. Je ne vous en ai présenté qu'un petit tableau, seulement pour vous montrer la perspective de ce qu'elle doit offrir un jour à vos regards, si vous savez les accoutumer de bonne heure à l'observation qu'elle exige pour pénétrer ses mystères. Je ne connois rien de plus satisfaisant et de plus récréatif. Quand nous serons de retour à Paris, je vous mènerai de temps en temps au cabinet d'histoire naturelle, pour vous y faire remarquer peu à peu tous les objets curieux qu'il renferme. Nous y emploîrons nos heures de récréation, afin de ne pas déranger l'ordre de vos études. Je me flatte que vous me remercierez de vous avoir fait connoître ces nouveaux plaisirs, et qu'ils vous paroîtront bien préférables aux amusemens ordinaires de votre âge.

Nous avons jusqu'ici promené nos regards sur la terre, pour nous former une première idée de ses habitans et de ses productions ; nous venons de les plonger avec le même dessein jusque dans les profondeurs de la mer : dans notre premier entretien, nous les élèverons vers les cieux, pour étudier les mouvemens des astres qui roulent dans leur immense étendue.

LE SOLEIL.

Reposons - nous ici, mes amis. Nous voici parvenus sur le sommet le plus élevé de la colline. Venez vous asseoir près de moi, et jouissons ensemble de la fraîcheur de cette belle soirée. Quelle charmante perspective s'offre à nos regards ! Comme ce vaste paysage réunit l'agrément et la richesse dans le mélange de ces vertes prairies où l'œil s'égare avec tant de plaisir, de ces petits ruisseaux qui semblent se jouer en les baignant de leurs eaux fécondes, de ces champs couverts de moissons dorées, et de cette forêt dont les robustes enfans vont se *transformer* en vaisseaux, pour aller nous chercher mille trésors précieux aux bornes de la terre !

Au - dessus de cette scène admirable, contemplez le soleil, qui, du seul éclat de sa couronne, remplit l'immensité de son empire. Toute cette magnificence est son ouvrage.

Après avoir rendu, par la chaleur de ses rayons, la vie à la nature, il en fait briller les traits rajeunis de la splendeur de sa lu-

mière, et jette sur les plis de sa robe verdoyante les plus vives couleurs.

Occupons-nous un moment de ce qu'il
est, et des bienfaits qu'il répand sur la
terre, avant de rechercher la place qu'il
occupe, et de parcourir les espaces immenses où s'étend sa domination.

Le soleil est un globe de feu, qui, tournant sur lui-même d'une rapidité prodigieuse, darde sans cesse, et de tous les
côtés, en lignes droites, des rayons formés de sa substance, et destinés à porter
avec une vitesse inconcevable, jusqu'au
bout de l'univers, la lumière qui l'éclaire,
la chaleur qui l'anime et les couleurs qui
l'embellissent.

C'est un globe, puisque dans toutes ses
parties il se montre à nos yeux sous une
forme circulaire, et qu'avec un bon télescope on découvre sa convexité. Il est de
feu, puisque ses rayons rassemblés par des
miroirs concaves ou des verres convexes,
brûlent, consument et fondent les corps
les plus solides, ou même les couvertissent
en cendres ou en verre.

Il tourne sur lui-même, puisque l'on observe sur son disque des taches, qui, se
montrant sur un de ses bords, semblent
passer à travers toute sa largeur sur le bord

opposé , se dérobent pendant quelques jours, et reparoissent ensuite au premier point d'où elles sont parties. Ces taches peuvent aisément se découvrir avec une bonne lunette ; leur nombre va quelquefois jusqu'à cinquante ; et il en est que l'on a vues dix-sept cents fois plus grandes que la terre entière. Soit qu'on les considère comme des écumes formées par l'action d'un feu violent, soit plutôt comme des éminences solides du corps du soleil , que les flots de matière enflammée qui le baignent laissent quelquefois à découvert dans leur agitation , ces taches , unies à sa masse , ne laissent pas douter , par leur cours régulier , qu'il ne tourne avec elles sur lui-même ; et cette rotation qui se fait en vingt-cinq jours et demi , quoique plus lente que celle de la terre, qui n'y emploie qu'un jour , doit être d'une rapidité prodigieuse pour un globe quatorze cent mille fois plus gros que le nôtre.

Le soleil darde ses rayons sans cesse de tous côtés , et même de tous les points de sa surface ; car il n'est pas un seul instant où sa lumière ne se répande sur toutes les parties de l'univers tournées vers lui , et pas un seul point qu'il éclaire , d'où on ne le voie tout entier

Ses rayons sont dirigés en lignes droites , et non par des ondulations semblables à celles que le mouvement excite dans l'air et dans l'eau ; car autrement on le verroit lorsqu'il seroit caché derrière une montagne , et même lorsqu'il seroit de l'autre côté de la terre , c'est-à-dire pendant la nuit , puisque sa lumière étant répandue par ondes , comme le son , l'impression en viendroit toujours à nos yeux. La lune , par la même raison , ne pourroit jamais l'éclipser. J'en ai une autre preuve plus à votre portée. Lorsque j'ai fait votre portrait à la Silhouette , c'est que votre tête jetoit sur la muraille une ombre exactement de la même forme qu'elle-même ; ce qui prouve clairement que les rayons croisoient en lignes droites toutes les extrémités de votre profil. On peut enfin s'en convaincre d'une autre manière, en fermant les volets d'une chambre, et en y pratiquant un petit trou : les rayons qui passent par cette ouverture , ne se répandent point en ondes dans la chambre , mais la traversent en lignes droites, sans éclairer autre chose que les objets qu'ils rencontrent dans cette direction.

Les rayons du soleil sont formés de sa propre substance. Ce sont des flots de sa

matière enflammée qu'il lance de tous côtés. A la distance où il est de nous, comment ses rayons pourroient-ils nous échauffer, s'ils ne partoient d'une source brûlante, en conservant dans le trajet leur
chaleur par la vitesse de leur mouvement ?
Vous branlez la tète, Henri ? vous pensez
sans doute que le soleil devroit être dès
long-temps épuisé ? Votre arrosoir, dites-
vous, n'est pas une minute à se vider de
l'eau qu'il contient. Je veux renchérir encore sur votre objection. L'arrosoir ne verse
de l'eau que d'un côté, et le soleil répand
de toutes parts sa lumière. Il la fait jaillir
jusqu'à des lieux un million de fois peut-
être plus éloignés de lui que nous ne le
sommes, puisque certaines étoiles, qui
sont à cette distance, envoient leur lumière
jusqu'à nos yeux. Il ne paroît pas cependant que ni le soleil, ni les étoiles aient
souffert, depuis tant de siècles, quelque
diminution de leur éclat. Vous voyez que
je n'ai pas affoibli votre difficulté. Écoutez
maintenant ma réponse.

Il est d'abord nécessaire de vous donner
une idée de la petitesse prodigieuse des
parties dont les rayons de lumière sont
composés. Au moyen du microscope, je
vous ai fait voir dans une goutte d'eau de

mare, pas plus grosse qu'une lentille, des milliers de petits insectes vivans. Ces insectes ont des yeux, des membres, du sang, ou une autre liqueur qui circule dans leur corps pour les animer. Il vous est aisé, ou plutôt il vous est impossible de vous figurer combien chaque goutte de ce sang ou de cette liqueur doit être menue. On prouve, par le calcul, qu'elle est moins par rapport à un grain de sable d'une ligne, que ce grain de sable n'est au globe de la terre. Eh bien, cette petitesse n'est rien encore en comparaison de celle des parties de la lumière, ainsi que vous allez en convenir. Je vous ai dit tout-à-l'heure que nous ne voyons le soleil entier, que parce que de tous les points de sa surface il part des rayons qui viennent peindre son image au fond de nos yeux. Il n'est pas douteux que ces insectes ne voient le soleil pendant le jour ; peut-être voient-ils pendant la nuit les étoiles. Or, ils ne peuvent les voir, que de tous les points, de toute la surface des étoiles et du soleil il ne soit parti des rayons pour en porter jusqu'au fond de leurs yeux l'image entière. Le soleil est plus de quatorze cent mille fois plus grand que la terre ; chacune des étoiles est aussi grande que le soleil. Voilà donc des corps d'une masse si incompréhensible, qui, de tous les points de leur étendue, envoient des flots de lumière dans l'œil d'un petit insecte, confondu avec des milliers de ses semblables dans une goutte d'eau, à peine sensible à nos regards.

Vous refuserez peut-être de croire qu'un si petit animal puisse porter sa vue jusqu'aux étoiles. Je ne vous chicanerai point là-dessus, quoique je pusse vous citer un très-beau vers de M. de Bonneville, qui dit en parlant de la puissance de Dieu :

Et sur l'œil de l'insecte il a peint l'univers.

Mais si l'insecte ne jouit pas de ce vaste spectacle, nous en jouissons, nous autres. Notre œil peut, dans une seconde, parcourir toute l'étendue des cieux. Il aura vu non-seulement toutes les étoiles, mais encore toutes les parties de l'espace qui les sépare ; ce qui multiplie bien davantage la quantité des rayons qui seront venus successivement aboutir à nos yeux. Et cette nouvelle expérience est une preuve plus forte encore de l'infinie petitesse des parties de la lumière, puisqu'un si grand nombre de rayons se sont combattus et effacés les uns les autres dans notre œil, sans lui

causer la plus légère impression de douleur, malgré la vitesse inconcevable dont
ils viennent le frapper.

Il vous est arrivé fort souvent de voir
dans la campagne la lumière d'une chandelle qui brûloit à une lieue au moins de
vous. En traçant un cercle autour de
cette chandelle, à la distance où vous en
étiez, il est clair que de tous les points de
ce cercle on auroit pu la voir, et à plus
forte raison, de tous les points de l'étendue qu'il renferme. Tous les points de cet
espace, jusques à une distance pareille en
dessus et en dessous, si le flambeau étoit
suspendu dans les airs, seroient donc rem-
plis de parties de lumière émanées de la
flamme de la chandelle. Elle ne consume
pas, dans la durée d'un clin d'œil, un globule de suif gros comme la tête d'une épingle.
Ce petit globule de suif a donc fourni à la
lumière une matière capable de remplir,
par sa division, un globe de deux lieues
de diamètre. Aussi le calcul peut-il démontrer qu'un pouce de bougie, après
avoir été converti en lumière, a donné un
nombre de parties plusieurs millions de
fois plus grand que celui des sables que
pourroit contenir la terre entière, en sup-
posant qu'il tienne cent parties de sable

dans la largeur d'un pouce. Que seroit-ce donc d'un pouce de matière lumineuse infiniment plus pure, et par là susceptible d'une plus grande division ? Enfin, si un grain de musc exhale sans cesse, et de tous côtés, des particules de sa substance ; s'il les exhale pendant vingt-cinq ans, sans rien perdre sensiblement de son volume ; si un boulet de fer d'un pied de diamètre, rougi à un grand feu, laisse échapper des flots de particules enflammées et lumineuses, sans que cette effusion lui fasse perdre l'équilibre dans la plus juste balance, vous concevrez plus aisément que le soleil puisse répandre des torrens de lumière sans paroître s'affoiblir, et qu'une petite partie de sa masse lui suffise pour remplir, pendant des siècles, de sa lumière et de sa chaleur, toutes les planètes et les espaces qui lui sont soumis.

Quant à la vitesse inconcevable de ses rayons, il est éprouvé qu'ils n'emploient qu'environ huit minutes pour venir de lui jusqu'à nous. Lorsque vous serez un peu plus avancé dans l'étude des cieux, je vous dirai par quelle observation on a fait d'abord cette découverte, et comment une expérience ingénieuse l'a confirmée. Il me suffit à présent de vous garantir que ce

point est de nature à ne pas être plus con-
testé, que l'existence même de la lumière.

Tout ce qui regarde les couleurs, de-
manderoit trop de détails pour vous être
expliqué dans le cours de cet entretien ;
nous y reviendrons dans un autre moment.

Il ne me reste donc plus qu'à vous parler
de la chaleur que nous devons au soleil.
C'est le plus grand et le plus sensible de
ses bienfaits, puisqu'il produit le mouvement et la vie dans tout ce qui respire. Je
me borne à présent à vous en montrer les
effets dans la végétation.

Vous vous souvenez de l'état de langueur
où gémissoit la nature pendant la triste
saison de l'hiver. La terre étant saisie d'un
profond engourdissement, les fleurs n'o-
soient paroître sur son sein, et les arbres
étoient dépouillés de tout leur feuillage. La
sève qui les anime, en circulant, comme
je vous l'ai fait voir, dans leurs troncs, leurs
branches et leurs rameaux, n'avoit plus
qu'un mouvement paresseux et de défail-
lance, qui suffisoit à peine à leur conserver un reste de vie presqu'insensible, et
tout voisin de la mort. Le printemps est
venu réchauffer la terre ; et soudain la
sève reprenant la liberté de son cours,
a verdure s'est déployée sur toutes les

plantes. Comment le soleil a-t-il produit ce changement ? Je vais prendre un exemple plus près de vous, pour vous en rendre l'explication plus aisée à concevoir.

Il n'est pas que vous n'ayez vu un de ces animaux que les petits Savoyards portent dans des boîtes, et qu'ils se plaisent à montrer pour quelques pièces de monnoie aux enfans ; une marmotte, s'il faut vous dire son nom. Ces bêtes sont très-sensibles au froid ; et comme il est plus pénétrant dans les montagnes de la Savoie, où elles ont pris naissance, afin de se dérober à sa rigueur, elles creusent dans la terre des trous profonds, où elles restent renfermées pendant l'hiver dans un morne assoupissement. Rien, comme vous le voyez, ne peut se ressembler davantage dans cet état, qu'un arbre et une marmotte. Ils sont tous les deux engourdis, parce que la séve de l'un, et le sang de l'autre, qui sont les principes de leur vie, n'ont qu'une circulation embarrassée dans les tuyaux du premier et dans les veines du second, par l'action du froid qui les resserre. Laissons l'arbre un moment, et ne nous occupons que de la marmotte.

Si vous étiez en voyage dans les montagnes de la Savoie, et que vous trouvassiez un de ces animanx engourdi, voici le raisonnement que vous feriez sans doute: puisque c'est le froid qui cause son engourdissement, je puis l'en retirer en lui rendant la chaleur. Mais si vous ne faisiez qu'allumer auprès de lui un feu vif et de courte durée, quand vous renouvelleriez cent fois par intervalles cette opération, l'engourdissement n'en subsisteroit pas moins. Si au contraire, en allumant d'abord un petit feu, vous l'augmentiez successivement, et que vous eussiez grand soin de le renouveler sans cesse avant qu'il fût tout-à-fait éteint, il n'est pas douteux que la marmotte ne sortît de sa léthargie, puisque son sang reprendroit sa fluidité. Vous la verriez bientôt étendre ses jambes, ouvrir ses yeux, secouer ses oreilles, et vous réjouir par la souplesse et la vivacité de ses mouvemens.

Voilà précisément les degrés par lesquels le soleil tire la nature de l'engourdissement où elle étoit plongée, et la ramène à la vie. La longueur des nuits de l'hiver vous a donné lieu d'observer combien peu le soleil restoit alors sur la terre. Il venoit bien l'éclairer chaque jour; mais à peine avoit-il paru quelques heures sur nos têtes, qu'on le voyoit déjà s'éloigner. D'ailleurs, il ne nous envoyoit ses rayons que d'une médiocre hauteur, même dans son midi. Il n'est donc pas étonnant que la terre, perdant la nuit le peu de chaleur qu'elle avoit reçu pendant le jour, n'en conservât pas assez pour se ranimer. Depuis le printemps, vous avez vu les jours s'agrandir par des progrès plus marqués, et le soleil darder ses rayons plus directement sur nos têtes. Peu à peu la terre s'est dégourdie ; son sein s'est réchauffé ; la séve, qui est le sang des plantes, a repris son cours, les arbres se sont couverts de feuilles et de fleurs ; et maintenant que nous sommes aux jours les plus longs de l'année, et le soleil au plus haut point de son élévation sur la terre, vous voyez des fruits déjà mûrs, d'autres qui tendent rapidement à le devenir. Comme la chaleur ira toujours en augmentant pendant l'été, les fruits qui en demandent le plus pour mûrir, trouveront à leur tour le degré qui leur est nécessaire, avant que le soleil, qui va dès la fin de ce mois (juin) perdre de son élévation sur nos têtes, et diminuer graduellement, jusqu'à la fin de l'automne, son cours journalier, laisse peu à peu retomber la terre dans les horreurs de l'hiver.

Quelle idée vous passe donc par la tête

er ce moment, Charlotte? Je croyois tout-
à-l'heure lire sur votre visage, que mon
explication avoit le bonheur de vous satisfaire. Pourquoi venez-vous de froncer le
sourcil aux dernières paroles? Auriez-vous
quelques difficultés à me proposer? Vous
savez que je les aime. Voyons, je vous
écoute. Ah! je comprends votre objection,
et je vais moi-même vous la rapporter.
Puisque le soleil n'a fait cesser le froid de
l'hiver qu'en s'élevant plus directement
sur nos têtes, et en prolongeant la durée
du jour, comment la chaleur pourra-t-elle
augmenter pendant l'été, puisque, dès la
fin de ce mois, le soleil va perdre chaque
jour de sa hauteur sur l'horizon, et s'en
éloigner plus long-temps pendant la nuit?
N'est-ce pas là ce que vous vouliez dire,
seulement en termes un peu plus clairs?
Fort bien. Je suis très-aise que vous m'ayez
proposé cette difficulté. Elle est toute naturelle. D'ailleurs, elle me prouve que vous
m'avez prêté une oreille attentive, et que
votre esprit est déjà capable d'une certaine
justesse de raisonnement. Je me fais un
vrai plaisir de vous répondre.

Vous souvenez-vous que l'autre jour après
souper, voulant vous aller reposer à dix
heures du soir sur le banc du jardin, vous

trouvâtes la pierre encore si chaude, quoique le soleil eût cessé, depuis deux heures, d'y darder ses rayons, qu'il vous fut
impossible de vous y asseoir ? Vous voyez
par là qu'un corps échauffé par le soleil,
peut conserver long-temps la chaleur qu'il
en a reçue, bien qu'il ne soit plus exposé
à ses feux. Vous concevez aussi qu'un caillou, placé sur le banc même, l'auroit bien
plutôt perdue, parce que plus le corps est
petit, plus elle est prompte à s'en échapper. Il vous seroit aisé d'en faire l'expérience, en jetant à la fois dans un brasier,
un clou et une grosse barre de fer; la barre
seroit bien plus long-temps à se refroidir
que le clou. Ainsi, si le banc de pierre a
conservé pendant deux heures, après le
coucher du soleil, une chaleur assez forte
pour vous être insupportable, il est à pré-
sumer que la terre, qui est d'une masse infiniment plus grande, l'a conservée plus
avant dans la nuit, et même jusqu'au lendemain au matin. Le soleil la trouvant encore échauffée, aura donc ajouté de nouveaux degrés de chaleur à ceux qu'elle avoit
gardés la veille ; et comme, avec cette plus
grande quantité, elle en aura encore retenu
davantage la nuit suivante, la chaleur ira
toujours en augmentant, soit dans son sein,

soit dans l'air, à qui elle se communique,
jusqu'à ce que les nuits devenant beaucoup
plus longues , et par conséquent plus fraîches, la terre perde enfin , dans leur durée , la plus grande partie de la chaleur
qu'elle a reçue pendant le jour ; ce qui arrive ordinairement au commencement de
l'automne. C'est par ce moyen que les raisins, qui , mûrissant plus tard que les cerises , ont besoin d'une plus grande conti-
nuité de chaleur , la trouvent même lorsque le soleil ne darde plus si long-temps
ses rayons sur leurs grappes.

C'est par la même raison que la chaleur
est ordinairement plus accablante à trois
heures , qu'à midi , quoique le soleil soit
déjà descendu pendant trois heures vers
l'horizon. Cet été du jour, si j'ose ainsi
parler , répond à merveille à l'été de l'année.

Après avoir parlé si long-temps des bienfaits du soleil , il vous tarde sans doute de
savoir quelle place ce roi de l'univers occupe dans son empire. C'est ici, je l'avoue,
que j'éprouve un peu d'embarras à vous
satisfaire. Tout ce que je vous ai dit jusqu'à présent , s'accordoit à merveille avec
vos sens , et vos idées , ou du moins ne
contrarioit que votre inexpérience : ce qui

me reste à vous annoncer, contredit tout absolument; et j'ai besoin de la confiance que je vous ai inspirée, pour vous préparer à changer d'opinion.

Tous les peuples de l'antiquité, même les plus éclairés, excepté un ancien philosophe et ses disciples, ont cru que le soleil tournoit autour de la terre; tous les plus grands philosophes modernes, sans exception, le croyoient aussi, il n'y a pas plus de deux cent quarante ans; tous les enfans le croient encore aujourd'hui, sur la foi de leurs mies et de leurs bonnes; et tout le peuple ignorant et grossier le croira toujours. Les expressions ordinaires du lever, de l'élévation et du coucher du soleil, employées dans l'usage familier, même par les astronomes, pour s'accommoder aux idées du peuple, ont contribué à entretenir cette erreur. Il faut convenir que le premier témoignage de nos yeux lui est aussi favorable. Comment se douter que la terre tourne autour du soleil, tandis qu'on le voit au niveau de nos pieds le matin, à midi sur nos têtes, le soir encore à nos pieds, et qu'il doit, selon toute apparence, se trouver la nuit par-dessous? Mais dites-moi, je vous prie, si vous n'aviez pas vu les arbres trop bien affermis sur le rivage

pour bouger légèrement , n'auriez-vous
pas cru mille fois , en descendant la rivière
dans un bateau , que les uns s'enfuyoient
derrière vous , et que les autres accouroient
à votre rencontre ? Lorsqu'on faisoit faire
un demi-tour au bateau pour aborder ,
n'auriez-vous pas cru que le rivage lui-
même tournoit autour de vous , si vous ne
l'aviez pas jugé plus tenace encore que les
arbres ? Vous sentez donc que nos yeux
peuvent nous en imposer sur les apparences des choses. Il étoit peut-être permis
d'en être dupe avant l'invention du télescope. Les anciens ignorant la véritable grandeur du soleil , et la jugeant beaucoup
moins considérable , que celle de la terre,
s'applaudissoient de leur sagesse , en le faisant tourner autour d'elle. Mais si la terre
est plus de quatorze cent mille fois plus
petite , comme cela est démontré sans ré-
plique , ne serons-nous pas plus sages , à
notre tour , de le rendre immobile au centre de notre monde , et de la faire tourner,
dans l'espace d'une année autour de lui ,
en tournant chaque jour sur elle-même ? Si
nous devons nous former les idées les plus
simples de l'ordre de la nature , que diriez-
vous d'un architecte qui auroit la bizarre-
rie de construire la cheminée de la cuisine

de manière que le foyer tournât autour du
gigot que l'on voudroit faire cuire à la bro-
che ? Mais de plus, il est certain , par des
observations invariables , que c'est le gigot
qui tourne devant le foyer ; je veux dire
la terre autour du soleil. Je vous en pro-
mets les preuves les plus évidentes , quand
vous serez un peu plus en état de les saisir. Tout ce que je vous demande à présent , est de vous prêter du moins à ce
système comme à une supposition , pour
me mettre en état de vous conduire aux
preuves qui doivent en établir dans votre
esprit l'incontestable vérité.

Je croyois avoir terminé la partie la plus
difficile de mon entreprise ; mais voilà des
étoiles qui viennent me jeter dans un nouvel
embarras. Puisque nous sommes sur le chemin des grandes vérités , il faut aller plus
loin , et vous dire que cette voûte céleste
ne tourne pas plus que le soleil autour de
la terre , et que c'est la terre au contraire
qui, tournant sur elle-même en vingt-quatre heures, s'imagine que les étoiles font
dans le même temps cette révolution. Cela
seroit aussi un peu trop exigeant de sa
part ; car il faudroit, pour obéir ponctuel-
lement à ses ordres , qu'elles fissent qua-
rante-neuf millions de lieues par seconde ;

ce qui surpasse tant soit peu la plus grande vitesse de nos messageries. Si la terre a besoin de la chaleur et de la lumière du soleil, il est de toute bienséance qu'elle se donne la peine de tourner autour de lui et sur elle-même pour les recevoir, d'autant mieux que, par la même occasion, et sans faire sa pirouette plus vite, elle peut jouir du plaisir de promener successivement ses regards sur la douce illumination des étoiles, bien qu'elles lui soient tout-à-fait étrangères.

Mais je commence à sentir que la soirée devient un peu fraîche. Je crois qu'il seroit à propos de rentrer au logis pour continuer cet entretien.

Nous voilà un peu remis de la fatigue de notre promenade. Sonnez, je vous prie, Henri, pour qu'on nous donne des lumières; et vous, Charlotte, apportez ici votre globe.

Je vous ai dit que le soleil demeure toujours constamment à la même place, et que la terre décrit un grand cercle autour de lui chaque année, en tournant chaque jour sur elle-même. Il vous paroît difficile de concevoir qu'elle puisse se livrer à ces deux mouvemens à la fois. Comment donc qui vous empêcheroit de tourner tout autour de la chambre en pirouettant ? Si vous faisiez ce tour en trois cent soixante-cinq pirouettes, le grand cercle que vous décririez représenteroit le mouvement annuel de la terre, et chaque pirouette, son mouvement journalier. Si ce flambeau étoit placé au milieu du cercle, n'est-il pas vrai qu'à chaque demi-pirouette vous le verriez ou le perdriez de vue, selon que vous lui tourneriez le visage ou le dos ? Cette alternative peut vous donner une idée de la manière dont la terre reçoit tour-à-tour la lumière du jour et l'obscurité de la nuit. Appliquons cette expérience à notre globe. Je vais piquer une épingle blanche sur cette moitié qu'il présente au flambeau, et une épingle noire sur l'autre, qu'il lui dérobe. Si je tourne le globe, cette partie où est l'épingle noire, et qui est maintenant dans l'obscurité, va s'éclairer ; et celle où est l'épingle blanche, et qui est maintenant éclairée, va se cacher dans l'obscurité. C'est une image fidèle de ce qui arrive à la terre chaque jour et chaque nuit. Chaque pays, à mesure qu'il se tourne vers le soleil, reçoit la lumière de ses rayons, et, à mesure qu'il s'en détourne, rentre dans l'obscurité des ténèbres. Par ce moyen, toutes les parties de la terre ont, l'une après

l'autre, la chaleur du jour, pour les échauf
fer, et mûrir leurs productions, et les douces rosées de la nuit pour humecter le sol
brûlant et l'air embrasé, rafraîchir les
plantes, les animaux et les hommes. Les
parties de la terre qui sont représentées autour de ces deux points, où la branche de
fer qui traverse le globe en sort des deux
côtés, sont appelées les pôles du Sud et du
Nord. Ce sont des places très-froides, attendu que le soleil ne s'y laisse pas voir
pendant plusieurs mois ; mais en revanche,
après cette longue nuit, on est plusieurs
mois sans le perdre de vue ; en sorte que
l'année se partage pour les habitans de ces
lieux, en un seul jour de six mois et une
seule nuit de la même durée. On vous en
fera sentir la raison lorsque vous apprendrez à connoître en détail les usages du
globe. Vous plaignez les pauvres gens qui
vivent dans ces contrées : en effet le séjour
du pays que nous habitons me paroît infiniment préférable. Je vous dirai seulement, afin d'adoucir les regrets que leur
sort vous inspire, que l'absence du soleil
n'est pas un si grand malheur pour eux
qu'il le seroit pour nous, s'il venoit tout-
à-coup à nous priver pendant six mois, de
ses bienfaits. Les productions de ces con-

trées sont différentes de celles de notre pays, et sont formées par la nature, de manière à croître sous ce climat. Les habitans sont peut être aussi heureux que nous avec des plaisirs différens. Ils travaillent d'un grand courage pendant leur été, à dessein de ramasser des provisions pour leur hiver ; et alors ils dansent et chantent à la lueur de leurs torches, comme nos gens de la campagne aux doux rayons du soleil.

Je crois lire sur votre physionomie, Henri, que vous n'êtes pas bien pleinement satisfait de ma démonstration. Voyons, je serois bien aise de savoir ce qui vous embarrasse. Oh ! je m'en doutois. Vous pensez que si la terre tourne ainsi sur elle-même, les gens qui sont sous nos pieds, de l'autre côté du globe, doivent s'éloigner d'elle et tomber vers les cieux qui l'enveloppent de toutes parts. Je me réjouis de ce que vous m'avez fait connoître vos doutes, pour me mettre en état de les dissiper. Supposons que ce globe, au lieu d'être de de carton, est d'aimant, comme la petite pierre que je vous ai donnée : n'est-il pas vrai que si vous lui présentez un morceau de fer, soit en haut, soit en bas, il ne manquera pas de l'attirer, et que le globe d'aimant aura beau tourner sur lui-même, le morceau de fer ne s'en détachera plus, soit que la partie à laquelle il tient s'élève ou s'abaisse ? Il est vrai, dites-vous ; mais c'est parce que l'aimant attire le fer. Eh bien, mon petit ami, vous venez de résoudre vous-même la difficulté. Nous sommes portés vers la terre par une force d'attraction, comme le fer est porté vers l'aimant. Il n'y a pas d'autre en-bas pour le fer, que le centre de la boule d'aimant vers lequel il est attiré ; comme il n'y a d'autre en-bas pour nous, que le centre de la terre qui nous attire. Vous aurez donc beau faire toùrner le globe, nous serons toujours sur nos pieds, tant qu'ils seront dirigés vers le centre de la terre, comme ils le sont sur chaque point de sa surface. Posez une aiguille sur votre aimant, et faites-le tourner ensuite entre vos doigts. Voilà l'aiguille en-dessous ; cependant elle ne tombe point. Essayez de l'en séparer, elle résiste. Vous en êtes pourtant venu à bout. Rendez-lui maintenant sa liberté ; elle retourne à l'aimant, et, quoique de bas en haut, retombe vers lui. Il en seroit de même dans cette partie de globe que vous appelez en-dessous. Si je vous séparois de la terre, et que je vous abandonnasse à vous-même, vous y retomberiez comme

ici. L'aiguille n'a pas de vie, et par conséquent ne peut se mouvoir autour de l'aimant ; ainsi une pierre inanimée ne se
meut pas d'elle-même sur la terre. L'homme et les animaux qui sont vivans, peuvent au contraire se mouvoir sur le globe,
malgré la force qui les porte vers son centre, parce qu'étant également éloignés de
ce point, une partie de la surface ne les
attire pas plus que l'autre. Lorsque je
monte à cheval, je ne laisse pas que d'è-
tre toujours attirée vers la terre ; mais je
n'y tombe point, parce que le corps du
cheval, en me soutenant, m'en sépare,
et qu'il m'est impossible de tomber à travers un cheval ; mais si un de ses soubre-
sauts me fait perdre la selle, je tombe à
terre immédiatement.

Vous vous étonnez de ce que nous ne
sentons pas le mouvement de la terre : je
vous dirai d'abord que, quoiqu'elle soit
emportée d'un cours très-rapide, ce mouvement doit nous paroître insensible, parce
que ne trouvant point de résistance, elle
ne doit point éprouver de secousse, et qu'il
nous est souvent arrivé de ne point sentir
le mouvement d'un bateau, lorsqu'il suit
le fil du courant. D'ailleurs, pensez-vous
qu'un ciron, posé sur une boule aussi

grosse que le Louvre, qui tourneroit sans
cahotement sur elle - même, pût sentir
cette rotation ? Je ne le crois pas. Comme
rien ne changeroit autour de lui, et que
tous les objets à la portée de sa vue resteroient à la même place sur la boule, il
devroit naturellement la juger immobile.
Nous devons, par la même raison, ne pas
nous apercevoir du mouvement de notre
globe, tout ce qui nous environne sur sa
surface étant emporté de la même vitesse
que nous-mêmes.

LA LUNE.

En vous faisant tourner vos pensées vers
les cieux, je ne dois pas oublier de vous
parler de la lune, compagne fidèle de la
terre, qui tourne autour d'elle, en la suivant dans sa course autour du soleil, et
l'éclaire en l'absence du jour. Elle n'est
pas un globe de feu comme le soleil ; mais
elle reçoit de lui toute la lumière qu'elle
envoie vers nous. On suppose qu'elle est
à peu près de la même nature que la terre
sur laquelle nous vivons, mais cinquante
fois plus petite. Ses habitans, s'il est vrai

qu'elle soit peuplée, reçoivent comme nous la lumière du soleil, et retirent les mêmes avantages de sa chaleur et de ses rayons vivifians. Si nous étions transportés sur sa surface, la terre, de ce point, nous paroîtroit comme une lune, excepté seulement qu'elle seroit beaucoup plus grande, et par conséquent elle nous réfléchiroit avec plus d'éclat les rayons qu'elle reçoit du soleil. La terre et la lune ont, lune et l'autre, trop d'épaisseur pour que le soleil puisse les traverser de sa lumière, il ne peut qu'en faire briller la surface ; comme le flambeau fait briller la surface de tous les objets qu'il éclaire, et qui, sans lui, se déroberoient à nos regards dans la profondeur des ténèbres.

Prenez ma montre, Henri, et portez-la dans un endroit obscur, on ne la verra point ; que le flambeau brille sur elle, vous la verrez aussitôt paroître reluisante, parce qu'elle reçoit sa lumière. Il en est ainsi de la lune. Nous voyons reluire cette partie de sa surface sur laquelle brille le soleil. Tantôt nous la voyons sous la forme d'un très-petit croissant, et tantôt dans toute la plénitude de sa rondeur. Ce n'est pas que le soleil ne brille toujours sur toute une de ses moitiés à la fois ; mais il arrive qu'une partie de cette moitié se dérobe à nos regards. Je puis vous le faire comprendre par le secours du globe, plus aisément que par aucune figure que je pourrois vous tracer.

Supposons que ce flambeau soit le soleil, ce globe la lune, et que votre tête, Henri, soit la terre. Tandis que la terre tourne autour du soleil, la lune tourne autour de la terre, et à peu près dans le même plan. Il est donc clair que tantôt la lune doit se trouver entre le soleil et la terre, et tantôt la terre entre le soleil et la lune. Il est facile de vous représenter ces mouvemens. Plaçons d'abord la lune entre le soleil et la terre, c'est-à-dire le globe entre le flambeau et vous. Telle est la situation de la lune, lorsqu'elle est nouvelle. Toute la moitié du globe éclairée par le flambeau, est tournée vers lui; ainsi vous ne pouvez l'apercevoir. Toute la moitié obscure est tournée vers vous; ainsi vous ne pouvez pas la voir davantage. Aussi la lune nouvelle se dérobe-t-elle toujours à nos yeux.

Si je détourne un peu le globe à votre gauche, vous commencez à en apercevoir une petite partie éclairée, sous la forme d'un croissant qui s'agrandit peu à peu, jusqu'à ce que le globe soit parvenu à un

quart du cercle que je lui fais décrire autour de vous. Tournez la tête sur votre
épaule gauche, vous voyez déjà la moitié
de sa moitié qui est éclairée ; voilà le premier quartier.

Ce quartier s'agrandit par degrés à son
tour, jusqu'à ce que le globe soit parvenu
derrière vous. Tournez le dos au flambeau,
vous voyez toute la moitié du globe éclairée, parce que toute cette moitié est tournée vers vous en même temps qu'elle regarde le flambeau ; c'est ce qu'on appelle
pleine lune.

Tandis que le globe continue son cercle,
sa moitié éclairée décroît peu-à-peu à vos
yeux de la même manière qu'elle s'est
agrandie ; ce qui produit ce qu'on nomme
le décours de la lune. Vous voyez encore
le globe se présenter aux trois quarts de sa
moitié éclairée, puis à la moitié de cette
moitié ; voilà le dernier quartier.

Vous voyez ce quartier ne former bientôt
qu'un croissant, et enfin se dérober à vos
regards, lorsque le globe redevient nouvelle lune, c'est-à-dire, dès qu'il revient
au point d'où il est parti, quand je lui ai
fait commencer à décrire son cercle autour
de vous, c'est-à-dire entre le flambeau et
votre tête

La lune emploie vingt-sept jours sept heures quarante-trois minutes à tourner autour de la terre, et un pareil espace de temps à tourner sur elle-même. C'est pour cela qu'elle présente toujours la même face à la terre. On vous en fera sentir un jour la raison.

LES ÉCLIPSES.

Les éclipses de soleil et de lune, que j'ai toujours pris soin de vous faire observer, sont occasionées par cette révolution de la lune autour de la terre.

Le soleil est éclipsé à nos yeux, lorsque la lune se trouve exactement entre lui et la terre. Par ce que je viens de vous démontrer, vous comprenez aisément que les éclipses de soleil ne peuvent arriver que dans la nouvelle lune, parce que c'est le seul temps où la lune soit entre le soleil et la terre.

La lune est éclipsée à nos yeux lorsque la terre se trouve entre elle et le soleil; et vous sentez également que les éclipses de lune ne peuvent arriver que lorsqu'elle est à son plein, parce que c'est le seul temps où la terre se trouve entre le soleil et la lune.

Chaque nouvelle lune ameneroit une éclipse de soleil, et chaque pleine lune une éclipse de lune, si le soleil, la lune et la terre, ou le soleil, la terre et la lune se trouvoient toujours alors exactement dans la même ligne ; mais comme la lune se trouve tantôt au-dessus, tantôt au-dessous de cette direction, les éclipses ne peuvent arriver à chaque lune pleine ou nouvelle.

Supposons encore que le flambeau, le globe et votre tête, Henri, représentent les mêmes objets que tout-à-l'heure ; je puis aisément vous faire une éclipse de soleil en plaçant le globe qui est la lune, entre le flambeau qui est le soleil, et votre tête qui est la terre, puisque vous vous trouvez alors tous les trois dans la même ligne, et que le globe vous cache le flambeau. Mais si j'élève un peu le globe au-dessus de cette direction, il se trouvera bien entre le flambeau et vous, mais il ne pourra vous le cacher, puisque vous cessez d'être tous les trois dans la même ligne, et que l'ombre du globe passe au-dessus de votre tête.

Je puis de même vous faire une éclipse

de lune en plaçant votre tête qui est la terre, entre le flambeau qui est le soleil, et le globe qui est la lune, puisque vous vous trouvez alors tous les trois dans la même ligne, et que votre tête cache au globe le flambeau. Mais si je vous faisois un peu baisser la tête au-dessous de cette direction, votre tête se trouveroit bien entre le flambeau et le globe, mais elle ne pourroit cacher au globe le flambeau, puisque vous cessez d'être tous les trois dans la même ligue, et que l'ombre de votre tête, qui se répandoit tout-à-l'heure sur le globe, passe maintenant au-dessous.

Je n'ai pu vous donner ici qu'une image imparfaite et grossière, soit de la révolution de la terre autour du soleil et de celle de la lune autour de la terre, soit des éclipses qui en résultent, parce qu'il auroit fallu prendre les choses de plus loin. Dans nos entretiens suivans, vous y trouverez des détails plus exacts et plus étendus sur ces phénomènes, et vous en sentirez en même temps les causes et les effets. C'est là que vous apprendrez comment tout se combine et s'accorde dans la marche invariable des corps célestes; comment l'homme a su démêler toute la complication de leurs mouvemens, et les calculer avec précision ; par quel mélange de conjectures ingénieuses , d'analogies sensibles et d'observations sûres il a su tracer leurs cours, mesurer leurs distances, et déterminer jusqu'à leurs influences mutuelles dans leur immense éloignement. Dans quelque temps je vous ferai lire un petit ouvrage que je vous prépare sur le *Système du monde.*

LES PLANÈTES.

La terre n'est pas le seul corps qui fasse une révolution autour du soleil pour en recevoir la lumière. Il en est d'autres qu'on nomme planètes, comme elle , c'est-à-dire astres errans, parce que, malgré la régularité de leurs mouvemens, ils changent continuellement de place , soit entr'eux , soit par rapport aux étoiles fixes , dans la course qu'ils font autour du soleil, placé au milieu des orbites qu'ils parcourent les uns au-dessus des autres.

On compte sept planètes principales , dont voici l'ordre : Mercure , Vénus , la Terre , Mars , Jupiter , Saturne , et la planète d'Herschell découverte il y a peu d'années, par un astronome dont on lui a donné le nom. Nous allons les parcourir successivement.

MERCURE.

Mercure, la planète la plus voisine du soleil, est la plus petite de toutes, et celle dont la révolution se fait en moins de temps. Elle n'y emploie que quatre-vingt-huit jours.

Elle est quinze fois moins grosse que la terre, et sa moyenne distance en est de trente-quatre millions trois cent cinquante-sept mille quatre cent quatre - vingts lieues. On n'a pu découvrir encore si Mercure tourne sur lui - même, tandis qu'il tourne autour du soleil. Quoiqu'il brille plus que les autres planètes, il est plus difficile de le voir, parce que sa trop grande proximité de l'astre de la lumière fait qu'il est presque toujours perdu dans l'éclat de ses rayons. On ne le voit que comme un point obscur sur la face du soleil.

VÉNUS.

Vénus, que nous appelons tour-à-tour, par excellence, l'étoile du matin et du soir, se voit un peu avant le lever du soleil, ou un peu après son coucher. Sa juste proximité de l'astre du jour et les inégalités de

sa surface, propres à réfléchir de tous côtés la lumière qu'elle en reçoit, la font
scintiller comme les étoiles. Elle est plus
petite d'un neuvième que la terre ; et sa
distance moyenne en est, comme celle de
Mercure, de trente - quatre millions trois
cent cinquante-sept mille quatre-cent quatre-vingts lieues. Le temps de sa rotation
sur elle - même est de vingt-trois heures
vingt minutes, et celui de sa révolution
autour du soleil, de deux cent vingt-quatre jours quinze heures. Avec une lunette
de seize pieds on la voit trois fois plus
grande que la lune dans son plein, à la
simple vue. Vous apprendrez un jour avec
autant de plaisir que de surprise, de quelle
utilité pour nous est l'observation de son
cours.

LA TERRE.

Je vous ai déjà parlé de la révolution
que la terre fait autour du soleil ; il me
suffira d'ajouter qu'elle y emploie trois
cent soixante-cinq jours cinq heures quarante - neuf minutes, tandis qu'elle emploie vingt - quatre heures à tourner sur
elle - même, c'est-à-dire à présenter successivement au soleil les différentes parties de sa surface. On estime sa distance
moyenne du soleil trente-quatre millions

trois cent cinquante sept mille quatre cent
quatre-vingts lieues, et sa distance moyenne de la lune, quatre-vingt-six mille trois
cent vingt-quatre lieues (1).

Quant à sa mesure, on compte qu'elle
a deux mille huit cent soixante-cinq lieues
de diamètre, c'est-à-dire d'un point de la
surface à un autre, en passant par le centre, et neuf mille lieues de circonférence
ou de tour.

Pour ce qui regarde sa figure, et les
mesures que l'on a prises pour la déterminer, ainsi que sa distance des corps célestes, la vicissitude des saisons qu'elle
éprouve, l'inégalité de ses jours et de ses
nuits, etc. tout cela, dis-je, vous sera expliqué avec le plus grand détail dans *le
Système du monde;* et l'on tâchera de
vous les présenter de la manière la plus
propre à vous intéresser, soit par la clarté,
la précision et la méthode, soit par le
choix des images et des comparaisons em-
pruntées des objets les plus sensibles, et
qui vous sont les plus familiers.

MARS.

Mars est beaucoup moins gros que la

(1) Il est nécessaire de prévenir que les lieues dont
on parle dans toute la suite de cet entretien, sont de
2283 toises, ou de 25 au degré.

terre, puisqu'il n'a que les trois cinquièmes de son diamètre. Il parcourt son orbite autour du soleil en une année trois cent vingt-un jours vingt-trois heures et demie, et tourne sur lui-même en vingt-quatre heures quarante minutes. Sa distance moyenne de la terre est de cent cinquante-deux millions trois cent cinquante mille deux cent quarante lieues. Il est un point de son orbite où il se trouve de soixante-huit millions de lieues plus près de nous que dans le point opposé ; aussi paroît-il alors presque sept fois plus gros que dans son plus grand éloignement. On y découvre quelquefois des bandes, les unes obscures, qui absorbent les rayons du soleil, les autres claires, mais qui nous renvoient une lumière rougeâtre. Dans sa plus grande et sa plus petite distance de la terre , il nous présente une de ses moités éclairée toute entière par le soleil ; mais dans ses quartiers, on le voit s'agrandir et décroître comme Vénus, toutefois sans paroître jamais, comme elle, sous la forme d'un croissant ; ce qui sera facile à vous expliquer.

JUPITER.

Jupiter, la plus considérable des planètes, est treize cents fois environ plus gros

que la terre. Il tourne sur lui-même ei
neuf heures cinquante-six minutes ; et emploie onze ans et trois cent quinze jours
huit heures à faire sa révolution autour du
soleil. Sa distance moyenne de la terre est
de cent soixante-dix-huit millions six cent
quatre-vingt-douze mille cinq cent cinquante lieues. Il est accompagné de quatre
lunes, qu'on appelle Satellites, qui font
leur révolution autour de lui , comme la
lune autour de la terre. Ces satellites sont
sujets entre eux , et de la part de leur planète , à plusieurs éclipses qui ont été du
plus grand secours pour avancer les progrès de la géographie , et pour déterminer
la nature du mouvement de la lumière et
les degrés de sa vitesse , ainsi que vous le
verrez un jour , avec d'autres particularités fort curieuses concernant cette planète.

SATURNE.

Saturne , jusqu'à la découverte de la
planète d'Herschell , a passé pour la planète la plus éloignée de nous ainsi que du
soleil. Sa révolution autour de lui est de
vingt-neuf années et cent soixante-dix-sept
jours. Il est environ mille fois plus gros
que la terre , et sa distance moyenne en est
de trois cent vingt-sept millions sept cent

quaraute-huit mille sept cent vingt lieues.
On n'a pu encore découvrir de lui, non
plus que de Mercure, s'il a un mouvement
de rotation sur lui-même ; il a, comme
Jupiter, des satellites qui l'accompagnent,
au nombre de cinq, que l'on a découverts
successivement. Outre ses satellites, Saturne est environné d'un anneau qui lui
forme une large ceinture, mais sans le
toucher en aucun point, puisqu'à travers
l'intervalle qui les sépare, on peut apercevoir des étoiles fixes. Cet anneau, suivant les différentes positions qu'il prend
autour de Saturne, le fait paroître à nos
yeux sous divers aspects singuliers, dont
on aura soin de vous donner la peinture et
l'explication.

LA PLANÈTE D'HERSCHELL.

Cette planète vient de faire perdre à Saturne le poste qu'on lui supposoit aux dernières limites du monde planétaire. C'est
elle qui renferme à présent toutes les autres planètes, et Saturne lui-même, dans
son immense orbite. C'est le 13 et le 17
mars 1781 que M. Herschell l'a observée à
Bath, ville d'Angleterre. Confondue parmi les étoiles fixes, il ne l'a reconnue que
par son mouvement qui est d'une extrême

lenteur. Sur ce qu'on en a pu observer dans une très-petite partie de son cours, on la suppose deux fois plus éloignée du soleil que Saturne, et sa révolution autour de lui, de près de quatre-vingt-dix ans. La ressemblance de sa lumière avec celle des plus petites étoiles, avoit fait méconnoître son véritable caractère ; et nous ne la devons qu'aux observations infatigables de M. Herschell, et à la bonté de ses instrumens qu'il fabrique lui-même avec une constance et un génie qui lui ont valu un nom dans les cieux.

La découverte de cette planète jettera sans doute un nouveau jour sur notre système, en reculant ses bornes si avant dans la profondeur de l'espace.

LES COMÈTES.

Au delà des planètes dont nous venons de parler, roulent encore d'autres grands corps, dépendans comme elles de l'empire du soleil, qui viennent se montrer à nos yeux et y demeurent souvent exposés quelques mois, puis ensuite se dérobent à notre vue, la plupart pour des siècles, à cause de l'éloignement immense où ils se perdent dans une partie de leur cours. Ces corps errans, à peu-près de la grosseur de notre globe, sont appelés comètes.

Suivant les meilleures observations qu'on ait faites jusqu'à présent, le mouvement des comètes semble être sujet aux mêmes lois par lesquelles les planètes sont gouvernées. Les orbites que les unes et les autres décrivent autour du soleil, sont des ovales ou des éclipses, avec cette différence toutefois que l'ovale de l'orbite des planètes se rapproche beaucoup d'un cercle parfait, au lieu que celui de l'orbite des comètes est si excessivement allongé, qu'elles paroissent se mouvoir presque en ligne droite, et tendre directement vers le soleil.

Il suit de là que lorsqu'elles sont le plus près de cet astre, soumises à la plus grande force de son attraction, et par là même acquérant plus de vitesse pour s'en éloigner, comme on vous l'expliquera dans la suite ; il suit de là, dis-je, que leur cours doit être alors infiniment plus accéléré que lorsqu'elles en sont à leur plus grande distance. C'est la raison pour laquelle les comètes font un séjour de si courte durée parmi nous, et que lorsqu'elles s'en éloignent, elles sont si l'ong-temps à reparoitre. Une autre différence qui les distingue des planètes, c'est que celles-ci ont toutes un mouvement commun qui les emporte d'occident en orient, et que les comètes, au contraire, n'ont point de direction uniforme, les unes allant d'orient en occident, les autres vers le nord ou vers le midi. Celle qui parut en 1707, alloit presque directement du midi au nord, d'un pôle à l'autre; mais sur la fin, elle paroissoit retourner du nord au midi, et de là tendre, par une route oblique, de l'occident vers l'orient.

Les comètes se distinguent enfin des planètes par une longue traînée de lumière qui les accompagne, toujours étendue dans une direction opposée au soleil, et qui semble prendre la forme d'une queue, d'une barbe ou d'une chevelure, suivant les différentes positions où la comète se trouve autour de lui et par rapport à nous. Comme, à mesure qu'elle en approche ou qu'elle s'en éloigne, on voit cette traînée de lumière s'accroître ou diminuer, l'opinion la plus générale est qu'elle est formée par des vapeurs très-subtiles que la chaleur du soleil fait exhaler du corps de la comète. Celle de 1680 n'étant éloignée du soleil que d'environ deux cent mille lieues, sa queue fut la plus longue qu'on ait encore observée. Newton a démontré que cette comète dut éprouver un degré de chaleur deux mille fois plus grand que celui d'un fer rouge, et vingt-huit mille fois plus grand que celui de nos jours brûlans d'été, à l'heure du midi.

Ces vapeurs si subtiles que, dans leur transparence, elles laissent entrevoir les étoiles fixes, ne suivent point les comètes dans le reste de leur cours ; mais à mesure qu'elles se répandent dans les régions célestes, elles sont, suivant Newton, attirées par les planètes, et servent à nourrir leur atmosphère. Les comètes, à leur tour, soumises dans chaque nouvelle révolution à une attraction plus puissante de la part du soleil, se rapprochent de plus en plus de son atmosphère, et finissent par y être englouties pour réparer les pertes qu'il fait par l'émission de sa lumière.

Les anciens ne voyant dans les comètes que des vapeurs et des exhalaisons élevées jusqu'à la région supérieure de l'atmosphère terrestre, et enflammées par l'action des vents, ne songeoient guère à faire des recherches suivies sur leurs périodes. Aussi n'en avons-nous pu recueillir que des notions très-imparfaites. En moins

d'un siècle et demi, les astronomes modernes ont fait sur les comètes plus d'observations que n'en avoit pu fournir toute
l'antiquité. La science sur cet objet est cependant encore toute nouvelle. Le retour
de la comète de 1682 en 1759, suivant les
prédictions de Halley et de Cassini, et les
savans calculs de MM. Clairaut et de la
Lande, a bien fait connoître que sa révolution autour du soleil étoit de soixante-
quinze ans et demi, à quelques inégalités
près, occasionnées par l'action que Jupiter et Saturne exercent sur elle, puisqu'elle
avoit déjà été observée en 1607, 1532,
1456. On a aussi des observations exactes
sur plus de soixante comètes ; mais s'il est
vrai, comme le conjecture M. de la Lande,
qu'il y en ait plus de trois cents dans notre système solaire, combien de temps ne
faut-il pas encore pour que l'on ait été à
portée d'en déterminer le nombre, d'en
calculer la masse, la distance et l'orbite,
d'en démêler le mouvement et les nœuds,
et d'établir la durée invariable de leurs révolutions ? Celle de 1680, que M. Jacques
Bernoulli avoit cru devoir reparoître en
1719, a trompé les calculs de cet habile
géomètre. Peut-être en faudra-t-il revenir
à l'opinion de M. Halley, qui lui donne

une période de cinq cent soixante-quinze
ans , et la fait remonter par une suite de
révolutions régulières , dont les quatre dernières sont déjà connues , jusqu'à l'année
précise du déluge universel. C'est dans
l'année 2255 que l'on pourra s'assurer si
tel est en effet le temps de sa période.

D'après les observations faites sur sa forme , sa grandeur et sa route , par tous
les savans de l'Europe , à son dernier passage , il ne sera pas difficile de la distinguer
de toute autre , s'il en paroissoit dans la
même année , surtout si les observations
diverses que l'on aura occasion de faire
dans l'intervalle ont fait prendre à l'astronomie , sur la théorie des comètes , le degré d'avancement que l'on doit naturellement espérer.

La comète de 1680 , dans un point de son
passage , s'approcha de si près d'une partie
de l'orbite de la terre , que si la terre se fût
trouvée alors dans cette partie , sa distance
de la comète n'eût pas été plus grande que
la distance où elle est de la lune , et qu'elle
auroit vraisemblablement souffert de ce
voisinage. Celle de 1769 , arrivée un mois
plus tard , auroit produit un bouleverse-
ment terrible dans les eaux de la mer. Huit
autres comètes passent dans leurs orbites

assez près de notre globe pour lui faire
craindre le même sort. Quelle idée ne de-
vons-nous pas prendre, à cet aspect, de la
sagesse qui règne dans l'ordre sublime de
l'univers ? Le moindre dérangement produit dans la combinaison des attractions
mutuelles du soleil et des corps dont il est
le centre, un seul de ces corps arrêté pour
un instant dans son cours, suffiroit pour
replonger tout notre monde dans le chaos,
et entraîner peut-être la ruine des mondes
innombrables qui nous environnent. Cependant cet équilibre admirable se soutient depuis des milliers d'années, et chaque instant de sa durée semble ajouter à sa
solidité, en nous montrant une Providence
éternelle qui veille sans cesse à l'entretenir.
Cherchons à lire sur le front des étoiles, des
caractères bien plus frappans encore de sa
magnificence et de sa grandeur.

LES ÉTOILES FIXES.

Les étoiles fixes sont ces astres étincelans
et lumineux qui, dans la sérénité d'une
belle nuit, nous paroissent répandus de
tous côtés dans les régions sans bornes de

l'espace céleste. On les appelle fixes , parce qu'on a remarqué qu'elles gardoient toujours entre elles la même distance , depuis l'origine des siècles , sans avoir aucun des mouvemens observés dans les planètes. Elles doivent être placées à un éloignement bien prodigieux, puisque non-seulement Saturne , dont la distance de la terre est de près de trois cent vingt-huit millions de lieues , les éclipse , mais encore que le télescope , qui grossit deux cents fois le disque apparent de Saturne , en produisant le même effet sur les étoiles , ne nous les représente cependant que comme un point presque insensible , parce qu'il les dépouille en même temps de ce rayonnement et de cette scintillation sans lesquelles elles seroient invisibles à nos regards ; en sorte que l'on soupçonne la distance de Sirius, la plus brillante des étoiles fixes , et à qui l'on donne un diamètre de trente-trois millions de lieues , capable , s'il étoit entre la terre et le soleil , de remplir l'intervalle qui les sépare , et de les toucher presque l'un et l'autre par ses points opposés , d'être quatre cent mille fois plus grande que celle de la terre au soleil (1).

(1) Telle est aussi l'opinion de M. Euler. Quelque prodigieuse, dit - il , que nous paroisse la distance du

Une autre preuve de l'éloignement incompréhensible des étoiles fixes, c'est que, quoiqu'en un temps de l'année, la terre, dans un point de son orbite, soit d'environ soixante six millions de lieues plus près de certaines étoiles fixes que dans le point opposé; cependant, malgré ce rapprochement considérable, la grandeur ou la position de ces étoiles n'en est pas variée; de manière que cette immense orbite n'est qu'un point dans la mesure de la distance, et que nous pouvons toujours nous supposer dans le même centre des cieux, puisque nous avons toujours le même aspec. sensible des étoiles, sans aucune altération.

Si un homme pouvoit se placer aussi près de quelque étoile fixe que nous le sommes

soleil, dont les rayons nous parviennent cependant en huit minutes, l'étoile fixe la plus près de nous en est pourtant plus de quatre cent mille fois plus éloignée que le soleil. Un rayon de lumière qui part de cette étoile, emploiera donc un temps de quatre cent mille fois huit minutes à parvenir jusqu'à nous; ce qui fait cinquante-trois mille trois cent trente-trois heures, ou deux mille deux cent vingt-deux jours, à peu près six ans. Il y a donc six ans que les rayons de l'étoile fixe, même la plus brillante, et probablement la plus proche, qui entrent dans nos yeux pour y représenter cette étoile, en sont partis, et ont employé un temps si long pour parvenir jusqu'à nous.

du soleil, il verroit sans doute cette étoile de la même grandeur, et sous la même forme que le soleil paroît à nos yeux ; et le soleil, à son tour, ne lui paroîtroit pas plus grand que nous ne voyons actuellement cette étoile ; et en comptant de là les étoiles fixes les plus reculées, il feroit entrer notre soleil dans leur nombre, sans être désormais capable de le distinguer.

Il est évident par là que toutes les étoiles fixes sont autant de soleils qui brillent par leur lumière propre et naturelle. Des corps qui ne feroient que nous réfléchir une lumière empruntée, n'auroient, à une distance si prodigieuse, ni scintillation ni rayonnement, puisque la lune qui n'est éloignée de nous que d'environ quatre-vingt six mille lieues, n'en a point ; et il nous seroit impossible de les apercevoir, puisque les satellites de Jupiter et de Saturne sont invisibles à la simple vue.

Nous n'avons aucune raison de supposer, dit le célèbre d'Alembert, que les étoiles soient dans une même surface sphérique du ciel ; car sans cela elles seroient toutes à la même distance du soleil et différemment distantes entre elles, comme elles nous le paroissent. Or, pourquoi cette régularité d'une part et cette irrégularité de l'autre ?

Il me paroît en effet plus raisonnable de penser qu'elles sont répandues de toutes parts dans l'espace illimité du grand univers, et qu'il peut y avoir un aussi grand intervalle entre elles dans la profondeur reculée des cieux, qu'entre notre soleil et une étoile fixe. Si elles nous paroissent de différentes grandeurs, ce n'est peut-être pas qu'elles soient ainsi réellement ; c'est qu'elles sont à des distances inégales de nous : celles qui sont plus proches, surpassent en éclat et en grandeur apparente celles qui sont plus éloignées, dont la lumière par conséquent doit être moins vive, et qui doivent paroître plus petites à nos regards.

Les astronomes distribuent les étoiles en différentes classes. Celles qui nous paroissent les plus grandes et les plus brillantes sont appelées étoiles de la première grandeur. Celles qui en approchent le plus pour l'éclat et la masse, sont appelées étoiles de la seconde grandeur, et ainsi de suite jusqu'à ce que nous arrivions aux étoiles de la sixième grandeur, qui sont les plus petites qu'on puisse observer à la simple vue.

Il y a un grand nombre d'étoiles qu'on découvre à l'aide du télescope ; mais elles ne sont point rangées dans l'ordre des six clas-

ses , et on les appelle seulement étoiles té-
lescopiques. On n'y a pas fait entrer non
plus celles qui ne sont distinguées qu'avec
peine, et qui paroissent sous la forme de
petits nuages brillans. On les appelle étoiles nébuleuses. On croit que ce sont des
amas de petites étoiles fort éloignées.

Il faut observer que , quoique l'on ait
compris dans l'une des six classes toutes
les étoiles qui sont visibles à l'œil , il ne
s'ensuit pas que toutes les étoiles répondent
réellement à l'une ou à l'autre de ces classes. Il peut y avoir autant de classes d'é-
toiles que d'étoiles mêmes, peu d'entre elles
paroissant être de la même grandeur et du
même éclat.

Les anciens astronomes , afin de pouvoir
distinguer les étoiles par rapport à leur position respective , ont divisé tout le firmament en constellations ou assemblages d'é-
toiles, composés de celles qui sont près l'une
de l'autre. On les rapporte à la forme de
quelques animaux , tels que des lions , des
serpens , des ours, ou à l'image de quelques
objets familiers, comme une couronne, une
harpe , un triangle , et on leur en donne le
nom , quoiqu'elles ne représentent nulle-
ment ces figures.

Les anciens avoient arrangé ces constellations dans les cieux , soit pour se retracer le cours des travaux de l'agriculture , soit pour conserver les ouvenir d'un événement mémorable , soit pour éterniser le nom de leurs héros , soit enfin pour consacrer les fables de leur religion. Les astronomes modernes leur ont continué les mêmes noms et les mêmes formes, pour éviter la confusion où l'on tomberoit en leur en donnant de nouveaux , lorsqu'il s'agiroit de comparer les observations modernes avec les anciennes. Je vous ferai connoître dans un autre temps ces vieilles constellations et celles qu'on leur a ajoutées de nos jours. Elles ne feroient maintenant que surcharger votre mémoire et y jeter de l'embarras.

Quelques-unes des principales étoiles ont des noms particuliers, comme Sirius, Arcturus, Aldéharan , etc. il y en a aussi d'autres qu'on n'a pas fait entrer dans les constellations , et qu'on appelle étoiles informes.

Outre les étoiles qu'on aperçoit à la simple vue , il y a un espace très-remarquable dans les cieux, connu sous le nom de voie lactée. C'est cette large bande d'une couleur blanchâtre qui paroît se dérouler autour du firmament comme une ceinture : elle est formée d'un nombre infini de petites étoiles trop éloignées de nous pour être vues séparément, mais dont la lumière réunie fait distinguer cette partie des cieux qu'elles traversent.

Les places des étoiles fixes, leur situation relative et leur nombre, ont occupé de tout temps les observateurs qui en ont dressé des catalogues. Le premier qui date de cent-vingt ans avant Jésus-Christ est composé de mille vingt-deux étoiles. Ce catalogue a été souvent augmenté et rectifié par d'habiles astronomes, qui ont porté le nombre des étoiles au-delà de trois mille, en y comprenant celles que le télescope, ignoré des anciens, nous a fait connoître, et que l'on désigne sous le nom d'étoiles de la septième grandeur.

Les observateurs les plus attentifs peuvent à peine compter quatorze cents étoiles visibles à l'œil. Cependant on seroit tenté, dans une belle nuit, de les croire innombrables au premier aspect. C'est une illusion de notre vue qui naît de leur vive scintillation, et de ce que nous les regardons confusément, sans les réduire en aucun ordre. Lorsqu'on les parcourt d'un regard, l'impression des unes subsiste encore au moment où l'on va chercher les autres, et nous les répète. Un bon téles-

cope rectifie les erreurs de notre vue. C'est
alors que le spectacle des astres devient
plus riche et plus vrai. On les voit, dans
une multitude infinie, se répandre de tous
côtés dans l'immense étendue des cieux.
Telle étoile qu'on croyoit simple et unique,
paroît double, et laisse observer entre les
deux qui la composent sensiblement, un
intervalle que la distance ne permettoit pas
à nos yeux de voir sans ce secours. On en
a observé soixante-dix-huit dans la constel-
lation des Pléiades, où la vue n'est pas
capable d'en distinguer plus de six ou sept.
Je n'ose vous dire quel nombre un observateur affirme en avoir vu dans celle d'O-
rion.

Les changemens qui arrivent dans les
corps célestes, quelque insensibles qu'ils
soient pour nous à cause de la distance infinie qui nous en sépare, doivent causer
dans leurs sphères des révolutions prodigieuses. Chaque siècle semble en amener
de nouvelles. Il est des étoiles dont la lumière, après s'être affoiblie par degrés,
s'éteint presque absolument pour briller
ensuite d'un plus vif éclat; d'autres qui
s'évanouissent pendant quelques mois, et
reparoissent avec une augmentation ou diminution sensible de grandeur. Un géo-

mètre et un astronome célèbres (messieurs
d'Alembert et de la Lande) ont formé là-
dessus des conjectures très-ingénieuses pour
en appuyer l'opinion générale des philosophes sur l'existence de quelques planètes
autour de ces astres , et attribuer ces changemens à leur action. Je vous les ferai
connoître un jour , ainsi que l'opinion de
M. de Maupertuis à ce sujet.

On voit plus d'étoiles du côté du nord
que du midi ; mais la partie méridionale a
plus d'étoiles distinguées par leur grandeur
et par leur éclat ; ce qui rétablit l'équilibre
des cieux.

Vous avez peut-être observé vous-mêmes
que les étoiles paroissent moins grandes et
moins nombreuses dans les nuits d'été que
dans les nuits d'hiver ; c'est que pendant
l'hiver le soleil étant enfoncé plus avant
sous l'horizon, l'éclat des étoiles est moins
affoibli par les reflets de sa lumière, et que
l'air épuré par la gelée , intercepte moins
de leurs rayons, et laisse parvenir jusqu'à
notre œil ceux qui nous viennent des astres les plus éloignés.

Les personnes qui pensent que tous ces
corps resplendissans n'ont été créés que
pour nous donner une tremblante lueur,
dérobée souvent à nos yeux par les moin-

dres nuages , doivent concevoir une idée bien peu relevée de la sagesse divine ; car nous recevons plus de lumière de la lune seule , que de toutes les étoiles ensemble. Osons nous former une image plus vaste de la divinité. Puisque les planètes sont sujettes aux mêmes lois du mouvement que notre terre , et quelques-unes non-seulement l'égalent , mais la surpassent même de beaucoup en étendue , n'est-il pas raisonnable de penser qu'elles sont toutes des mondes habitables ? D'un autre côté, puisque les étoiles fixes ne le cèdent ni en grandeur ni en éclat à notre soleil , n'est-il pas probable que chacune a un système de terres planétaires qui tournent autour d'elle, comme nous tournons autour de l'astre qui nous donne le jour , et que leur seul éloignement dérobe à nos regards.

Mais n'allons pas d'abord porter si loin notre vue. Laissons aux astronomes le soin de perfectionner leurs instrumens, et d'agrandir leurs recherches pour trouver de nouveaux mondes dans les cieux : renfermons-nous dans le nôtre, entre ces corps soumis comme nous à l'empire du soleil et dont l'observation peut être d'une si grande utilité pour le progrès de nos lumières , appliquées au globe même que nous habitons. Les étoiles , à qui les hommes ont dû le premier partage du temps pour les travaux de l'agriculture , et qui ont été durant tant de siècles leurs guides fidèles dans leurs entreprises et leurs voyages , indépendamment des secours multipliés qu'elles nous offrent encore aujourd'hui , mériteroient d'intéresser vivement notre curiosité, par la seule magnificence du spectacle qu'elles nous étalent. Leur nombre, leur position et leur marche , leur destination et leur nature , deviendront aussi , à leur tour , l'objet de nos considérations.

Tels sont les objets dont nous vous entretiendrons dans le *Système du monde.* Nous commencerons d'abord par la terre , soit parce que sa connoissance est la plus importante pour nous , soit parce qu'elle peut nous conduire plus aisément à celle des autres globes qui composent avec elle notre système. Nous nous éleverons successivement vers toutes les parties des cieux , pour en redescendre sur notre séjour toutes les fois que son intérêt se trouvera lié par quelque rapport avec leur étude. Ne serez-vous pas charmés de connoître plus particulièrement ces corps glorieux dont l'éclat avoit si souvent frappé vos

regards et charmé vaguement vos pensées,
d'ajouter de si hautes lumières à celles
qu'une éducation distinguée vous donne
pour élever votre esprit et vos sentimens ,
et de vous préserver des idées absurdes et
superstitieuses où vous plongeroit une stupide ignorance? Et quelle autre science
seroit plus digne de vous occuper? Que
sont les troubles et le choc passager des
royaumes de la terre , en comparaison de
cet accord éternel et sublime qui règne entre les immenses états de la république
céleste? Que sont les conquêtes de l'homme sur ce globe de boue , auprès de celles
qui l'ont fait entrer en société avec le soleil? Qu'il est beau de voir l'homme atteindre de son génie jusqu'à ces corps reculés que le soleil atteint à peine de sa
lumière! Quelle nouveauté dans les objets
pour captiver votre imagination! quelle
grandeur pour la remplir! et en même
temps quelle simplicité de lois dans ces
vastes mouvemens , pour se mesurer aux
premiers efforts de votre intelligence!

LE
SYSTÈME DU MONDE

MIS A LA PORTÉE DE L'ADOLESCENCE.

Veuve depuis trois ans, madame de Crois-sy s'étoit retirée à la campagne, dans une petite maison charmante, à quelque distance de Paris. Les regrets que lui coûtoit chaque jour la perte de son époux, n'étoient adoucis que par les soins qu'elle donnoit à l'éducation de sa fille, le seul gage qu'il lui eût laissé de sa tendresse. Elle avoit été mariée fort jeune ; et son père, en calculant les trésors qui devoient suivre le don de sa main, avoit imaginé que le faste d'une immense fortune, avec quelques talens agréables, pouvoit lui suffire pour paroître avec assez d'éclat dans le monde. Emporté toujours hors de lui-même par le torrent des affaires, étourdi par le tumulte de ses dissipations, il n'avoit pas réfléchi que, que dans une vie moins agitée, sa fille auroit un plus grand besoin des ressources attachées à la culture de

l'esprit et du cœur, et que mieux il réus-
siroit pour elle dans le choix d'un époux,
plus ces avantages lui deviendroient nécessaires pour gagner son estime et conserver son attachement. Des considérations si simples se trouvoient au-dessus de
sa portée : de tous les soins paternels, les
plus utiles étoient ceux dont il s'étoit le
moins occupé.

Elevée par l'hymen à la société d'un
homme distingué par des sentimens délicats, une raison éclairée, des connoissances solides et des goûts aimables, Mme de
Croissy n'avoit pas tardé long-temps à sentir des regrets de cette négligence. En cherchant à la réparer pour elle-même, elle
résolut surtout de l'éviter pour sa fille. Les
amusemens de la ville ne l'avoient jamais
entièrement détournée de ce projet. La
solitude où l'avoit conduite la douleur de
son veuvage, lui donnoit alors tout le loi-
sir de l'exécuter. Elle avoit déjà profité des
premières années de l'enfance d'Émilie
pour apprendre elle-même tout ce qu'elle
vouloit lui faire apprendre un jour. Son
application, l'étendue de sa mémoire, la
justesse et la pénétration de son esprit,
avoient si bien servi les vues de sa tendresse, qu'elle étoit enfin parvenue à pos-

séder parfaitement l'histoire ancienne et moderne, la géographie universelle, les élémens de géométrie, avec quelques notions générales sur l'histoire naturelle et sur la physique. Afin de se mettre en état d'être le seul instituteur de sa fille, elle s'étoit formée d'abord toute seule, sans autre secours que les bons livres élémentaires, dans ces divers genres de connoissances. En cherchant ainsi pour elle-même la méthode la plus agréable et la plus sûre, elle étudioit d'avance celle qui conviendroit le mieux au caractère d'esprit d'Émilie, dont la finesse et la vivacité annonçoient, dès ses premières années, les plus heureuses dispositions. Elles ne s'étoient point démenties dans la suite. Émilie, à peine âgée de treize ans, commençoit déjà, par sa reconnoissance et par ses progrès, à récompenser sa mère des peines qu'elle se donnoit pour l'instruire. Leurs jours s'écouloient dans les plaisirs les plus purs et dans les jouissances mutuelles les plus délicieuses. Une société choisie des environs, les visites qu'elles recevoient quelquefois de leurs amis de la ville, étoient les seules distractions qui les détournoient de leurs études ; la variété qu'elles savoient y répandre, la culture des fleurs et le mé-

nage d'une volière, en étoient les délasse-
mens.

Soit pour éloigner du cœur de sa fille tout
sentiment de vanité, soit pour écarter de sa
maison des visites importunes, Mme de Croissy avoit eu soin de cacher sa richesse, et
prenoit pour prétexte de sa retraite à la
campagne, la nécessité d'y rétablir ses affaires par une rigoureuse économie. En
s'épargnant les détails fatigans et les vaines
dépenses d'une grande maison, elle avoit
plus de temps pour en donner à ses travaux,
et plus de moyens de satisfaire à sa bienfai-
sance par les secours généreux qu'elle répandoit en secret autour d'elle. Le calme
d'une vie si douce; la joie de voir sa fille répondre à ses espérances; une santé forte,
acquise par l'exercice, la modération et la
sobriété, avoient donné à son caractère
une sérénité inaltérable, et à son esprit un
enjouement qui faisoient trouver à la vive
Émilie l'intérêt le plus piquant dans sa société. La sensibilité naissante de ce jeune
cœur étoit toute concentrée sur sa maman
et sur son père, dont Mme de Croissy avoit
soin d'entretenir la mémoire par des regrets touchans, et par l'éloge des vertus
qu'il avoit possédées. Émilie élevée dans la
candeur et la liberté de l'innocence,

n'ayant à cacher à sa tendre amie aucun de ses mouvemens, avoit conservé cette fleur précieuse de naïveté qui rend la raison si aimable. Comme toutes ses réflexions s'étoient formées dans le cours de ses entretiens avec sa mère, elles avoient pris une tournure vive et animée, telle que la produit la chaleur de la conversation ; et ses pensées se développoient avec autant de clarté que de saillie, d'agrément et de justesse.

L'ami de l'enfance de Mme de Croissy étoit M. de Gerseuil, son frère, qui vivoit à Paris, occupé des devoirs d'un poste honorable, et de l'étude des sciences naturelles qu'il cultivoit avec succès. Deux filles, livrées encore aux premiers soins de leur mère, et le jeune Cyprien, âgé de douze ans, composoient toute sa famille. Au milieu de la corruption de la capitale, sa maison étoit l'asile des mœurs. Son fils ne s'étoit jamais éloigné de sa présence. Né avec une imagination vive, un esprit ardent et courageux, de la franchise, de l'élévation et de la fermeté dans les sentimens, Cyprien avoit une ame douce, et tout à la fois susceptible des mouvemens les plus impétueux. Il aimoit déjà vivement la gloire et les grandes choses Au récit d'un trait de bravoure ou de générosité , l'on voyoit s'enfler sa poitrine , et la flamme étinceler dans ses regards. En concevant de hautes espérances de ce caractère, M. de Gerseuil ne se déguisoit pas les inquiétudes qu'il pouvoit lui causer. Cependant l'amitié tendre que son fils avoit prise pour lui , modéroit ses craintes. Il s'étoit accoutumé de bonne heure à le gouverner avec des caresses. Une froideur auroit désolé son ame ; un seul reproche eût fait son supplice.

Sur une invitation fort pressante qu'ils avoient reçue l'un et l'autre d'Émilie , pour se trouver à une fête qu'elle devoit donner à sa maman la veille du jour de sa naissance, ils s'étoient rendus mystérieusement à la maison de Mme de Croissy. La surprise de leur arrivée ajoutoit à celle du bouquet. Émilie le paroit de ses grâces, Cyprien l'animoit de sa gaîté. Mme de Croissy versoit des larmes de joie des attentions délicates de ces aimables enfans. Elle fut bien plus heureuse encore le lendemain , lorsque dans une promenade écartée avec son frère, ils purent s'entretenir en liberté de leurs projets et de leurs espérances. Le dîner qui les réunit avec leur jeune famille , fut une nouvelle scène de nouveaux plaisirs. Après une séparation assez longue , se retrouver ensemble dans un beau jour, dans une contrée charmante, avec des objets d'un si grand intérêt l'un pour l'autre ! les tendresses du sang et de l'amitié, les émotions paternelles, les transports confondus de tous les sentimens les plus doux de la nature ! vous n'auriez encore qu'une bien foible idée de leur félicité, si vous pensiez que ces traits fussent capables de vous la peindre.

PREMIER ENTRETIEN.

La fraîcheur de la soirée les ayant invités à sortir, ils allèrent se promener tous ensemble sur la terrasse. Le soleil étoit près de se coucher ; il touchoit aux bords de l'horizon. Tout-à-coup Mme de Croissy s'interrompant dans son entretien, alla s'asseoir sur le bout d'un banc de pierre placé à l'ouverture de la grande allée du bosquet. M. de Gerseuil crut qu'il prenoit quelque foiblesse à sa sœur, et s'empressa de la suivre, ému d'inquiétude, en la questionnant sur son état. Ce n'est rien, lui répondit-elle avec un sourire, mais sans détourner ses regards fixés vers le couchant : je

vais satisfaire dans un moment votre surprise et votre curiosité : laissez d'abord dis-
paroître le soleil.

M. de Gerseuil et les enfans se regar-
doient en silence , et n'osoient l'interrom-
pre. Bientôt le soleil disparut. Mme de Croissy se levant alors d'un air gai : Je suis contente , leur dit-elle , tout marche bien dans
l'univers. Ces paroles , et la manière brus-
que dont je vous ai quittés tout-à-l'heure,
doivent vous étonner, il faut vous en donner l'explication. C'est aujourd'hui, comme
vous le savez, mon jour de naissance. Il
me semble qu'en ce jour tout prend un
nouvel intérêt à mes yeux dans la nature.
J'observe avec plus d'attention ce qui se
passe autour de moi. Je trouve partout des
sujets de réflexion qui m'occupent. Ce matin , en me promenant dans mon verger ,
je cherchois à saisir les changemens qui pou-
voient s'être opérés dans mes arbres depuis
l'année dernière. Je voyois que les uns com-
mençoient à perdre de leur jeunesse , et
les autres à en prendre la taille et la vigueur. Les premiers me donnoient une le-
çon affligeante ; mais les autres me conso-
loient. Ils me présentoient , sous une riante
image , la douceur de me voir rajeunir dans
ma fille.

Émilie baisa la main de sa mère, et laissa échapper un soupir.

Voilà une remarque, dit M. de Gerseuil, qui me plaît autant par son courage et sa philosophie, que le sentiment qui lui est attaché me touche par sa tendresse. Mais quoi ! vos observations vont-elles jusqu'à l'astre de la lumière ? Étiez-vous inquiète de savoir s'il avoit perdu de sa force ou de son éclat ?

Mme DE CROISSY.

Non, mon frère ; mes pensées ne s'étendent pas si loin. L'année dernière, le même jour qu'aujourd'hui, j'étois assise sur ce banc toute seule, et plongée dans une douce rêverie. Je voyois le soleil se coucher ; j'observai que c'étoit derrière cet ormeau qu'il se déroboit à ma vue : ce souvenir m'est revenu tout-à-coup ; j'ai voulu voir si cette année, à pareil jour, il se coucheroit dans la même direction. Je n'aurois jamais cru la terre si réglée dans sa course.

M. DE GERSEUIL.

Surtout après avoir fait, depuis cette époque, un voyage de plus de deux cent dix millions de lieues.

Mme DE CROISSY.

L'immensité de ce trajet redouble en-

core mon admiration de la trouver si fidèle.

M. DE GERSEUIL.

Elle pourroit vous faire un compliment
aussi flatteur, puisqu'au même jour de
l'année, et au même instant, elle vous
trouve aussi dans la même place pour l'observer.

Mme DE CROISSY.

Tenez, mon frère, croyez-moi, n'ayons
pas l'orgueil de lui disputer de conduite.
Si fière que soit la raison de son fil et de
son flambeau, une planète aveugle ira
toujours plus droit qu'elle.

ÉMILIE.

Oh bien, puisque cela est ainsi, mon
oncle, voilà les étoiles qui commencent
à paroître : je suis charmée qu'elles puissent rendre un bon témoignage de notre
globe ; car enfin, si nous sommes un peu
étourdis, notre terre ne l'est pas ; et peut-
être que d'après son caractère, on nous
croira des personnages graves, pleins d'ordre et de régularité.

M. DE GERSEUIL.

C'est sur notre globe, ma chère Emilie,
qu'il faudroit commencer à établir de nous
cette bonne opinion   sans nous embarras-

ser de ce que peuvent én penser les étoiles. Au reste, cette hypocrisie ne nous
serviroit à rien. Les étoiles ne voient pas
plus notre terre, qu'elles ne soupçonnent
ses habitans.

CYPRIEN.

Quoi ! tandis que nous avons peut-être
cinq cents lunettes en l'air pour les observer, elles ne daignent pas même nous
apercevoir ?

Mme DE CROISSY.

Fiez-vous maintenant aux poètes qui
s'ingèrent de porter jusqu'aux astres la
gloire des femmes !

M. DE CERSEUIL.

Sans être plus crédule, pourquoi seriez-
vous moins indulgente ? Si jamais ce men-
songe flatteur a pu les tromper, les a-t-il
jamais offensées ? Il porte avec lui sa grâce. Il naît du désir qu'on auroit de le réa-
liser.

CYPRIEN.

Il est pourtant bien fâcheux, mon papa,
de se trouver ainsi inconnu dans l'univers.

M. DE GERSEUIL.

Console-toi, mon fils ; Mars et la lune
nous voient assez complètement.

ÉMILIE.

Et voilà tous les témoins de notre existence ?

M. DE GERSEUIL.

Mercure et Vénus, placés entre nous et
le soleil, nous distinguent peut-être, s'ils
ne sont pas éblouis par la grande lumière
qui les environne ; mais pour Jupiter, Saturne et Herschell, je doute fort qu'ils
aient la moindre connoissance de nos affaires.

CYPRIEN.

Et quand ils en seroient bien instruits !
ce n'est pas à des planètes comme la nôtre
que je suis jaloux de me faire remarquer.

Mme DE CROISSY.

Oui, je le vois, Cyprien est un de ces
ambitieux qui dédaignent les hommages
de leurs égaux : il faut, pour les satisfaire, que leur renommée s'étende jusqu'au
prince et dans les cours étrangères.

CYPRIEN.

Il est vrai : je voudrois que notre globe
allât faire du bruit jusque dans les étoiles.

M DE GERSEUIL.

Eh, mon pauvre ami ! comment veux-
tu qu'elles nous aperçoivent, puisque cet
orbe même de deux cent dix millions de

lieues que la terre parcourt dans un an, quand elle le rempliroit tout entier, en s'enflant d'orgueil comme la grenouille de la Fable, ne formeroit encore qu'un point dans l'espace.

CYPRIEN.

O ciel ! est-il possible ?

M. DE GERSEUIL.

Il me sera fort aisé dans un moment de te le démontrer.

ÉMILIE.

Mais cependant, mon oncle, parvenus à cette grandeur dont vous venez de parler, nous serions bien plus grands que le soleil. Les étoiles voient le soleil ; ainsi, à plus forte raison, serions-nous vus des étoiles ?

M. DE GERSEUIL.

Ecoute, Émilie ; vois-tu là-bas, à une bonne lieue, cette lampe qu'on vient d'allumer, à ce que je pense, dans la cour d'un château ?

ÉMILIE.

Oui, sans doute, mon oncle.

M. DE GERSEUIL

Le château est bien plus grand que la lampe ; il est éclairé de sa lumière . pour rois-tu distinguer le château ?

ÉMILIE.

Oh, non, du tout.

M. DE GERSEUIL.

Tu vois donc qu'un corps lumineux par lui-même peut être aperçu à une grande distance, tandis qu'un corps beaucoup plus considérable, qui ne fait que nous réfléchir la lumière qu'il en reçoit, est invisible à nos yeux ?

ÉMILIE.

Il est vrai.

M. DE GERSEUIL.

Maintenant réduis la terre à sa véritable proportion avec le soleil. Au lieu d'être grosse pour lui comme le château l'est pour la lampe, elle ne sera plus en comparaison, que ce que pourroit être la tête d'une épingle auprès d'une torche allumée. Tu peux juger sur cette mesure, de la figure brillante que nous faisons dans l'univers.

ÉMILIE.

Ah, mon cher Cyprien ! nous voilà bien revenus de nos prétentions sur les respects des étoiles.

Mme DE CROISSY.

Il me semble voir un de ces importans de la capitale, plein de l'idée que tout le royaume a les yeux tournés sur lui, et à

qui l'on viendroit dire qu'à la vérité on le
reconnoît assez à Montrouge ; que l'on a
même entendu par hasard prononcer son
nom à Longjumeau, mais que très - certainement sa renommée ne s'est pas étendue jusqu'à Arpajon.

ÉMILIE.

En vérité, j'en serois si honteuse à la
place de mon cousin, que je voudrois me
cacher même de la lune.

M. DE GERSEUIL.

Prends-y garde, Émilie ; cette petite bou-
derie pourroit nous coûter cher.

ÉMILIE.

Et comment, s'il vous plaît, mon oncle ?

M. DE GERSEUIL.

C'est que si nous allons nous cacher de
la lune, la lune, au même instant, va se
cacher aussi de nous.

ÉMILIE.

Oh, j'aurois trop de regret à sa douce
clarté.

Mme DE CROISSY.

Je ne puis aussi vous déguiser mon foible pour elle. Il semble, à son air de modestie et de pudeur, qu'elle soit formée
pour être le soleil des femmes

20

M DE GERSEUIL.

L'idée est assez heureuse. Combien de jolis caprices les variétés de ses phases et les inégalités de sa marche pourroient expliquer! Vous voyez par là, mes amis, que nous n'avons rien à perdre, et que la terre n'est que trop heureuse de recevoir la lumière des astres qui l'entourent, sans aspirer vainement à s'en faire distinguer par sa splendeur.

CYPRIEN.

C'est bien dommage que nous ne soyons pas un peu plus lumineux ; car avouez, mon papa, qu'on ne sauroit être placé plus avantageusement pour briller.

M. DE GERSEUIL.

Et sur quoi juges-tu ce poste si favorable ?

CYPRIEN.

C'est tout simple. Il n'y a qu'à regarder la voûte céleste : on voit bien qu'elle s'arrondit au-dessus de la terre, que les étoiles y sont semées à égales distances de nous, et que nous occupons le milieu de l'univers.

M. DE GERSEUIL.

Mon fils, as-tu bien présent à la mémoire le joli paysage que tu me faisois remarquer d'ici même dans la matinée ? cette colline,

celle forêt, ce vieux château demi-déman-
telé , cette tour qui semble monter jusqu'aux nues ?

CYPRIEN.

Oui, mon papa, ce beau noyer aussi ,
sous lequel nous passâmes hier au soir, et
dont les noix me donnoient tant d'appétit.
Je n'ai pas été fâché de le revoir , quoique
ce fût d'un peu loin ; car il me sembloit
d'ici justement tout au bout de l'horizon.

M. DE GERSEUIL.

Cela n'est pas exact. Tu devois voir bien
plus en arrière ce grand château gothique
qui tombe en ruines. Tu sais qu'il est beaucoup par delà. En le quittant, n'avons-
nous pas couru un quart d'heure en poste,
avant que de parvenir au noyer ?

CYPRIEN.

Il est vrai ; mais ce n'est pas ma faute.
On ne peut pas juger bien nettement les
distances dans un si grand éloignement
On croiroit d'ici, je vous assure , que l'arbre se trouve dans le même contour que
la colline, la forêt, le château et la tour ,
avec notre terrasse au beau milieu du de-
mi-cercle. Je l'ai bien observé.

M. DE GERSEUIL.

Que me dis-tu ? Ma sœur, combien comptez-vous d'ici à la tour ?

Mme DE CROISSY.

Près de trois lieues, mon frère.

M. DE GERSEUIL.

Et à la colline ?

Mme DE CROISSY

Deux bonnes lieues.

M. DE GERSEUIL.

Et à la forêt ?

ÉMILIE.

Une demi-lieue seulement. J'y vais fort bien à pied.

M. DE GERSEUIL.

Et moi, j'estime, par le temps de ma route, que le château doit être à trois quarts de lieue, et le noyer à un quart de lieue et demi tout au plus. Mais quoi ! ces objets, les uns si reculés, les autres si avancés, se trouvent dans le même contour ! tous ces espaces si inégaux de terrein forment un horizon bien arrondi ! notre terrasse est située exactement au milieu de tout cela ! Cyprien, est-ce qu'il n'en seroit pas de même par rapport à la courbure si régulière de cette voûte céleste ? à ces étoiles qui semblent attachées à la même surface ? et à nous enfin, qui nous croyons au centre sous ce beau pavillon ?

CYPRIEN.

Mon papa, je n'ai rien à répondre. Si ma vue me trompe à une petite distance, elle doit bien plus m'égarer à un si grand éloignement. Mais que nous ne soyons pas au milieu juste sous les cieux, je n'en puis revenir. J'aurois parié qu'il n'y avoit pas deux pouces de plus d'un côté que de l'autre.

M. DE GERSEUIL.

Voyons. Avant de nous mettre à table, nous sommes allés rendre une visite à M. le curé.

CYPRIEN.

Oh, c'est un bien honnête homme ! il m'a donné une poire superbe.

M. DE GERSEUIL.

Voilà effectivement un trait qui ne laisse pas douter de sa droiture. Mais ce n'est pas de son verger qu'il s'agit ; c'est de son clocher. Tu te rappelles combien il nous a vanté la perspective qu'on a du haut de sa galerie ? Nous y sommes montés. Eh bien ?

CYPRIEN.

L'église est plus bas, et son clocher n'est pas plus haut que cette terrasse. Je l'ai vue de niveau

M. DE GERSEUIL.

Quoi ! le point de vue n'est pas plus éten
du que de l'endroit où nous sommes ?

CYPRIEN.

Non , je vous le proteste, mon papa ;
c'est exactement la même chose. J'ai bien
reconnu les mêmes objets , à la même
distance et tout au bout de l'horizon comme ici.

M. DE GERSEUIL.

Est-ce que le clocher faisoit bien le
centre de ce contour.

CYPRIEN.

Oui , mon papa.

M. DE GERSEUIL.

Tu n'en étois donc pas au centre ici ?
Un cercle n'a pas deux centres.

CYPRIEN.

C'est que nous ne sommes pas loin de
l'église.

M. DE GERSEUIL.

Il y a pourtant deux cents pas.

CYPRIEN.

Mais ce n'est rien par rapport au grand
éloignement où étoient les objets que nous
regardions.

M. DE GERSEUIL.

En sorte que , lorsque de deux points

différens on croit voir des objets fort éloignés toujours à la même distance, l'intervalle qui sépare ces deux points doit être
estimé fort peu de chose ? C'est comme si
ces deux points n'en faisoient qu'un, n'est-
ce pas, mon ami ?

CYPRIEN.

Tout juste, mon papa ; vous avez clairement saisi ma raison, et je suis fort content de votre intelligence.

M. DE GERSEUIL.

Voilà qui m'encourage. En ce cas, allons un peu plus loin. Tu sais, aussi-bien
qu'Émilie, que la terre parcourt une orbite autour du soleil : je vais la tracer ici
sur le sable. Voyez-vous ? c'est un ovale
qu'on nomme ellipse, ainsi qu'on vous l'a
dit. Bon, la voilà. On peut encore la voir
assez bien à la clarté de la lune qui se lève.
Je vais mettre mon chapeau dans l'orbite,
pour y représenter le soleil.

CYPRIEN.

Un beau soleil vraiment, qui est tout
noir ! attendez, attendez. (*Il se met à
courir vers la maison de toutes ses jambes.*)

M. DE GERSEUIL.

Où vas-tu, Cyprien ?

CYPRIEN, *de loin , sans s'arrêter.*

Je viens à l'instant.

ÉMILIE.

Que veut donc cet étourdi?

M. DE GERSEUIL.

Attendons , crois - moi , son retour , pour voir s'il mérite d'être blâmé.

CYPRIEN, *revenant au bout de deux minutes , avec un domestique qui por- te un tison.*

Vous ai - je fait languir ? Champagne , mettez, je vous prie , ce tison à la place du chapeau. Voilà un soleil qui vaut mieux que le vôtre , je pense , mon papa. Vous vous seriez enrhumé à le regarder : cou- vrez-vous , à cause du serein.

M. DE GERSEUIL.

Je te remercie, mon fils, de ton aimable attention. Ce tison pourra nous servir en- core à autre chose. Attendez là, Cham- pagne. Allons , mes enfans , voulez - vous entreprendre un voyage autour du soleil , pour bien reconnoître votre orbite (*Émi- milie et Cyprien font le tour.*) A mer- veille. Champagne , reprenez maintenant ce tison , et courez au bout de l'allée. Vous nous le présenterez de là.

CHAMPAGNE , *en allant.*

Oui , monsieur

ÉMILIE.

Que voulez-vous donc faire, mon oncle ?

M. DE GERSEUIL.

Tu vas voir. Champagne est-il à son poste.

CYPRIEN.

Tenez, le voilà qui nous présente déjà le tison. Oh, comme il est devenu petit !

M. DE GERSEUIL.

Je suis bien aise que tu l'ayes remarqué. Approche ; viens ici à ce bout de l'orbite.

CYPRIEN.

Oui ; mais l'on nous a emporté notre soleil.

M. DE GERSEUIL.

Il nous est inutile à présent. Suppose qu'il soit couché. Il faut qu'il soit nuit pour voir les étoiles. Le tison en sera une. Regarde-la bien d'abord pour t'assurer de sa grandeur et de sa distance.

CYPRIEN.

Je l'ai assez contemplée.

M. DE GERSEUIL.

Allons, commence à marcher à petits pas sur la ligne circulaire, tracée pour figurer l'orbite, en regardant toujours le tison qui fait étoile. Avance. Vois-tu l'étoile plus grande, ou plus près de toi ?

CYPRIEN.

Non, mon papa ; elle semble toujours la même , et au même point.

M. DE GERSEUIL.

Va donc plus loin encore , jusqu'à l'endroit de l'orbite opposé à celui d'où tu es parti. T'y voilà ; arrête. Eh bien , l'étoile ?

CYPRIEN.

Elle n'a pas changé.

M. DE GERSEUIL.

Comment , elle ne te paroît pas plus grande, ni plus près de toi ? Tu t'es cependant avancé vers elle.

CYPRIEN.

De beaucoup , vraiment ! Elle est à deux cents pieds peut-être , et je ne m'en suis approché que de la longueur du diamètre de cette orbite , qui n'est que d'environ six pieds.

M. DE GERSEUIL.

Ces six pieds ne sont donc presque rien par rapport à la distance du tison ? et sans doute ils seroient moins encore si nous reculions le tison d'une lieu , par exemple , jusqu'à ce qu'il ne parût que de la grosseur d'une étincelle.

CYPRIEN.

Toute l'orbite elle-même ne seroit plus

alors qu'un point insensible. Faisons les choses plus en grand, mon papa.

M. DE GERSEUIL.

Il faut te satisfaire. Je vais te donner un diamètre de soixante-six millions de lieues, celui de la véritable orbite de la terre ; et au lieu du tison qui faisoit étoile postiche, je vais te donner une étoile réelle.

ÉMILIE.

A la bonne heure.

CYPRIEN.

C'est parler, cela. Voyons, voyons !

M. DE GERSEUIL.

Doucement, recueillons-nous un peu. Je me souviens de t'avoir dit, quand j'ai si *clairement saisi ta raison*, que lorsque de deux points différens on croit voir des objets éloignés garder toujours la même distance, l'intervalle qui sépare ces deux points doit être estimé fort peu de chose, et que c'est comme si ces deux points n'en faisoient qu'un.

CYPRIEN.

Oui, le voilà mot pour mot.

M. DE GERSEUIL.

N'oublie pas, de ton côté, ce que tu viens de dire toi-même, que notre petite orbite ici sur le sable, ne seroit plus qu'un point insensible par rapport à la distance où devroit être le tison , pour n'être vu que de la grosseur d'une étincelle.

C Y P R I E N.

Je m'en souviens, et ne m'en dédis pas.

M. DE GERSEUIL.

Il est bien reconnu que le diamètre de l'orbite de la terre est de soixante-six millions de lieues. La terre , à un bout de ce diamètre , voit donc en face une étoile de soixante-six millions de lieues plus près qu'à l'autre bout.

CYPRIEN.

C'est clair.

M. DE GERSEUIL.

Eh bien , si de deux points si différens , et malgré son approchement énorme dans l'un d'eux , la terre voit toujours cette étoile garder la même distance ; si , malgré la grosseur énorme de cette étoile , que je vous prouverai bientôt , elle ne l'aperçoit jamais plus grande qu'un point étincelant , les deux bouts du diamètre de son orbite , malgré l'intervalle qui les sépare , seront donc censés se confondre en un point; toute l'immense orbite elle - même ne sera donc plus que ce point devenu insensible par rapport à la distance infinie que l'étoile gardera toujours pour elle ?

EMILIE.

Qu'as-tu à répliquer, mon pauvre Cyprien ?

M. DE GERSEUIL.

Mais si cette immense orbite n'est qu'un point insensible par rapport à la distance de l'étoile, que sera donc par rapport à cette même distance le globe de la terre, qui n'est lui-même qu'un point dans l'immensité de son orbite ? Cette planète orgueilleuse croira-t-elle alors que la voûte céleste n'est faite que pour se courber au-dessus d'elle en pavillon ? que les astres y sont semés à égales distances pour lui former un superbe tableau, et qu'elle est digne d'occuper le milieu de l'univers, où elle n'est seulement pas aperçue ?

CYPRIEN.

Il faut prendre son parti ; mais je me sens terriblement humilié de notre petitesse.

Mme DE CROISSY.

Pour moi, ce qui m'humilie bien davantage, c'est que tous les philosophes célèbres de l'antiquité se soient obstinés à placer notre misérable planète au centre de l'univers. Je vois que dans les plus beaux siècles de sagesse, les hommes n'étoient encore pétris que d'orgueil et de folie.

21

M. DE GERSEUIL.

Pythagore avoit rapporté de l'Inde et de l'Égypte des idées plus saines. Il les renferma, de son vivant, dans l'enceinte de l'école qu'il avoit fondée en Italie. Ses disciples les portèrent dans la Grèce après sa mort. Le soleil, établi par ce grand homme au centre de notre monde, voyoit les planètes circuler autour de lui dans cet ordre ; Mercure, Vénus, la Terre avec sa lune, Mars, Jupiter et Saturne. Il s'étoit mépris à la vérité sur leurs distances et leurs grandeurs ; mais la géométrie de son siècle n'étoit pas assez avancée, ni les instrumens assez perfectionnés.

Mme DE CROISSY.

A la bonne heure. Voilà toujours un sage. Et son système fut-il suivi ?

M. DE GERSEUIL.

Comment auroit-il pu réussir chez des peuples à qui leurs beaux esprits avoient enseigné, les uns, que la terre étoit plate comme une table, et les cieux une demi-voûte d'une matière dure et solide comme elle ; les autres, que le soleil étoit une masse de feu un peu plus grande que le Péloponèse ; que les comètes étoient formées par l'assemblage fortuit de plusieurs

étoiles errantes ; que les étoiles n'étoient
que des rochers ou des montagnes , enle-
vées de dessus la terre par la révolution de
l'éther qui les avoit enflammés ; d'autres
enfin , que les étoiles s'allumoient le soir
pour s'éteindre le matin , tandis que le
soleil , qui n'étoit qu'un nuage en feu ,
s'allumoit le matin pour s'éteindre le soir ,
et qu'il y avoit plusieurs soleils et plusieurs
lunes pour illuminer nos différens climats ?
Or , si l'astre du jour , d'après tous ces
préjugés , étoit plus petit que la terre , fal-
loit-il se déplacer du centre du monde
pour le lui céder ?

Mme DE CROISSY.

Le peuple méritoit bien son nom ; mais
la philosophie n'étoit guère digne du sien.

M. DE GERSEUIL.

Ptolémée trouvant toutes ces opinions
accréditées au temps où il vécut, et se fon-
dant sur le témoignage trompeur de nos
sens , n'eut pas beaucoup de peine à se
persuader à lui et aux autres , que les
idées de Pythagore n'étoient que des rêve-
ries ; que la terre étoit le centre de tous
les mouvemens , soit des planètes et du
soleil rangé dans leur classe , soit des étoiles et des cieux de verre qu'il souffla. Ce

système se soutint pendant plus de quatorze siècles, en se chargeant de jour en jour de quelques absurdités nouvelles, que ses partisans imaginoient pour se défendre des objections les plus embarrassantes.

Mme DE CROISSY.

Mais voilà, je pense, assez de siècles pour se rapprocher beaucoup du nôtre?

M. DE GERSEUIL.

Aussi n'y a-t-il que deux cent quarante ans que nous devons à Copernic d'être revenus de l'erreur; encore a-t-elle régné pendant quelques années sous une autre forme depuis cette époque.

Mme DE CROISSY.

Voyons, mon frère, je vous prie; je ne voudrois pas laisser échapper une seule de nos inconséquences?

M. DE GERSEUIL.

Quoique Copernic, en rétablissant le système de Pythagore que je vous ai tout-à-l'heure exposé, l'eût fait servir à expliquer des difficultés insurmontables dans celui qu'il renversoit, Tycho-Brahé, le plus grand observateur de son siècle, ne s'en obstina pas moins à conserver à la terre la gloire de la domination.

Mᵐᵉ DE CROISSY.

Ce n'étoient donc que les principes de
Ptolémée de nouveau rappelés ?

M. DE GERSEUIL.

Il y avoit une différence. Il ne faisoit
plus tourner toutes les planètes autour de
la terre ; la lune seule lui restoit. Le soleil
prenant les autres à sa suite, tournoit autour d'elle dans une année, et se joignoit
au cortége des étoiles, pour lui rendre,
en vingt-quatre heures, les mêmes hon-
neurs.

Mᵐᵉ DE CROISSY.

Je ne vois pas ce que l'on gagne à ce
changement ; il me paroît toujours ridi-
cule que tant de corps énormes soient réduits à courir si vite autour de nous, qui
sommes si petits.

M. DE GERSEUIL.

Vous avez fort bien saisi le vice de ce
système. Cependant, comme il est fort ingénieux dans tout le reste, et qu'il étoit
fortifié par le grand nom de celui qui l'a-
voit établi, peut-être auroit-il gardé toujours l'avantage, si Galilée, aidé du télescope, n'eût confirmé l'ordre réel découvert par Pythagore et par Copernic, dans
le plan de l'univers · si Képler, par sa pé-

nétration, n'en eût soupçonné les lois, et si Newton, qui s'éleva il y a près d'un siècle en Angleterre, ne les eût démontrées avec toute la force de son génie et de la vérité.

Mme DE CROISSY.

Grâce au Ciel, voilà le soleil bien affermi dans son repos, au milieu de notre monde ! Je puis donc maintenant en sûreté de conscience établir ma réforme.

M. DE CERSEUIL.

Comment, ma sœur, est-ce que vous auriez aussi quelque nouveau système à proposer ?

Mme DE CROISSY.

Non, mon frère, je suis très-satisfaite de votre arrangement ; je le trouve conforme à la sagesse de la nature. Je n'en veux qu'à ce blond Phébus, qui a si vilainement trompé les pauvres humains.

M. DE GERSEUIL.

Et d'où vous vient contre lui cette belle fureur ?

Mme DE CROISSY.

Comment ! depuis trois mille ans il nous aura laissé nourrir ses coursiers d'ambroisie, et cela pour les tenir à piaffer dans la cour de son palais !

CYPRIEN.

Oui, ma tante, puisqu'il ne sert pas à conduire le char de la lumière, cassons aux gages ce cocher paresseux, et supprimons-lui son attelage.

ÉMILIE.

Je ne lui donnerois pas même le chariot et les quatre bœufs de nos rois fainéans.

Mme DE CROISSY.

Mais en ôtant son nom au soleil, quel autre lui donnerons-nous ?

M. DE GERSEUIL.

Il en est un plus digne de lui, le plus grand qu'on ait porté dans tous les mondes. Les conquérans ont nommé les empires de la terre : les astronomes se sont partagé notre satellite (1) : le philosophe anglais demande un astre à lui seul. J'appellerois le soleil tout entier NEWTON.

CYPRIEN.

O mon papa ! quand pourrai-je connoître ce grand homme (2) ?

(1) Riccioli, astronome italien, a donné aux principales taches de la lune des noms d'astronomes et de savans, tels que Platon, Aristote, Archimède, Pline, Copernic, Tycho, Képler, Galilée, etc.

(2) C'est dans le second volume de *l'Histoire de l'Astronomie moderne* que mes jeunes amis pourront

Mme DE CROISSY.

Vous me ravissez par cet enthousiasme pour sa gloire.

un jour admirer le tableau des sublimes découvertes
de Newton. Je croirois mériter leur reconnoissance,
si je les mettois en état de lire avec fruit un des plus
beaux livres de ce siècle, qui semble écrit à la clarté
pure et brillante des astres par le génie dépositaire des
secrets des cieux.

Avec quelle joie je me plais à rendre cet hommage à
M. Bailli, pour le ravissement continuel où me tient,
depuis quinze jours, une nouvelle lecture de son ouvrage ! Après nos amis, dont la présence ou le souvenir remplit si délicieusement notre cœur, nos plus
grands bienfaiteurs sur la terre sont ceux qui élèvent
notre esprit à de hautes connoissances, qui l'occupent
par des tableaux instructifs, ou qui le délassent par
des amusemens agréables. La reconnoissance dont ils
nous pénètrent est le devoir le plus doux à remplir.
Que j'aimerois à me trouver devant ces illustres écri-
vains du siècle de Louis XIV, les premiers maîtres de
sa jeunesse, pour leur exprimer les divers sentimens
qu'ils m'ont inspirés ! J'irois m'incliner avec respect
devant Bossuet, qui, dans la rapidité de son *Discours
sur l'Histoire universelle*, semble pousser et renverser
devant lui les empires, pour s'avancer sur leurs ruines,
en les effaçant sous ses pas ; devant Corneille, dont le
génie sait nous frapper encore sur la scène de la terreur
du nom Romain, comme autrefois César, en nous donnant des fers ; devant Racine, qui devina les secrets de
mon cœur avant ma naissance ; devant Molière, que
l'antiquité fabuleuse auroit pu croire envoyé par Jupiter sur la terre pour y juger les foiblesses des humains,

M. DE GERSEUIL.

Que je voudrois pouvoir vous peindre celui qu'il me fit éprouver l'année dernière, en contemplant sa statue à Cambridge ! Roubillac, sculpteur français, l'a représenté debout, dans une attitude sublime, fixant le soleil, et lui montrant d'une main le prisme qu'il tient de l'autre pour décomposer ses rayons. Je ne pouvois en détacher mes regards. En m'élevant de la pensée à la vaste hauteur où il a porté les connoissances humaines, il me sembloit entendre la nature lui dire en le formant: Depuis le nombre de siècles que l'homme étudie mes lois, il les a toujours méconnues. Il est temps de les lui révéler. C'est toi que j'ai fait naître pour les publier sur la terre. Va renouveler l'astronomie , agrandir la géométrie, et fonder la physique. Je te donne ces sciences avec mon génie. Tu diras quelle est l'étendue de l'univers et la simplicité de l'ordre qui le gou-

comme Pluton établit Rhadamante dans les enfers, pour y juger leurs crimes. J'irois baiser tendrement la main de Fénélon, l'amant de la Divinité et l'ami de l'homme ; puis je courrois me jeter au cou de La Fontaine, qui seroit le plus naïf, le plus spirituel, le plus aimable des enfans, s'il n'étoit l'un des plus grands poètes et le plus vrai des philosophes.

verne. Tu pèseras la masse des corps immenses que j'y ai répandus, tu prescriras leur forme, tu détermineras leur volume, tu mesureras leur distance, tu soumettras à des calculs précis les inégalités mêmes de leurs mouvemens. Au milieu d'eux tu établiras le soleil, tu diras par quelle puissance il les maîtrise, et comment il leur distribue la lumière et la vie. Pour ta récompense, je te placerai toi-même comme un nouvel astre au milieu de tous les grands hommes qui doivent te suivre. En donnant une impulsion rapide à leur génie, tu les forceras de tendre sans cesse vers le tien; et ils circuleront avec respect autour de toi, pour recevoir la lumière. Quant à ceux qui voudroient s'en écarter, semblables à ces comètes rebelles qui, croyant se dérober à l'empire du soleil, vont se perdre pour des siècles dans la profondeur ténébreuse de l'espace, mais qu'il ramène toujours constamment au pied de son trône, du fond de leurs erreurs ils seront forcés de revenir à toi; et on ne les verra briller d'une lueur passagère dans quelques points de leur course, qu'en se plongeant, à ton approche, dans la splendeur de tes rayons.

En ce moment, on vint annoncer à ma-

dame de Croissy qu'elle étoit servie. Émilie
et Cyprien auroient bien voulu qu'on eût
retardé l'heure du repas, afin d'entendre
plus long-temps M. de Gerseuil. Pour se
délivrer de leurs instances, il fut obligé
de leur promettre qu'on viendroit encore
en sortant de table faire un petit tour de
promenade, et qu'ils seroient de la partie.

DEUXIÈME ENTRETIEN.

La conversation fut très-enjouée pendant
le souper, entre M. de Gerseuil et sa sœur.
Ils étoient transportés de joie de l'intelligence qu'avoient montrée leurs enfans, et
de l'ardeur qu'ils témoignoient pour s'instruire. D'un coup d'œil à la dérobée, ils
se faisoient remarquer l'un et l'autre l'air
d'empressement dont Émilie et Cyprien
dévoroient les morceaux en silence, afin
de hâter le moment d'aller reprendre sur
la terrasse l'entretien qu'on leur avoit pro-
mis. Nos petits philosophes venoient déjà
d'expédier leur dessert. On voyoit l'un tor-
dre sa serviette, l'autre s'agiter d'impatience
sur son siége. Peut-être madame de Croissy, amusée d'une scène aussi divertissan-

te , prenoit-elle plaisir à la prolonger. Quoi qu'il en soit, Émilie , pour ne pas perdre de temps, eut la malice de revenir sur le dépit ambitieux qu'avoit eu son cousin, de ne jouer qu'un personnage invisible à la face des astres. Cyprien se prêta de fort bonne grâce à la plaisanterie , jusqu'à ce qu'il vît ses parens, qu'il guettoit, achever enfin leur repas. Alors se tournant tout-à-coup vers Émilie : Ma petite cousine , lui dit-il d'un ton assez haut pour s'attirer l'attention générale , je lisois l'autre jour une histoire que mon papa connoît sans doute , ainsi que ta maman , mais que sans doute aussi tu ignores. Je vais te la conter. Mahomet voulant donner à son armée une preuve du pouvoir qu'il exerçoit sur la nature , lui proposa d'opérer en sa présence un superbe miracle. Ce n'étoit rien moins que de faire accourir de loin une très-haute montagne jusques à ses pieds. Il assemble un beau matin tous ses soldats , qui déjà crioient au prodige sur leur grand prophète ; il se met au premier rang , et commande à la montagne d'avancer. La montagne fait la sourde oreille à ses premiers ordres. Mahomet s'en étonne ; il l'appelle une seconde fois d'une voix terrible. La montagne , comme tu peux le croire , ne s'en ébranle pas davantage à cette nouvelle apostrophe. Qu'est ceci ? s'écria l'imposteur d'un air inspiré. La montagne ne veut pas marcher vers nous ! Eh bien , mes amis, suivez-moi , marchons vers la montagne. — Je n'ai pas plus de rancune que Mahomet. Les étoiles ne nous voient pas ! Eh bien , ma cousine , allons voir les étoiles.

Il se leva brusquement de table en disant ces mots , et se précipita vers la porte, laissant Émilie toute déconcertée de cette incartade. M. de Gerseuil et madame de Croissy sourirent de sa finesse , et le suivirent dans le jardin.

La nuit étoit alors de la plus belle sérénité. Aucun nuage ne déroboit la vue des cieux. La lune , qui n'avoit fait que paroître un moment sur l'horizon , laissoit, par sa retraite, les étoiles qu'elle avoit obscurcies , étinceler de tous leurs feux rayonnans. Les enfans avoient cent fois admiré la magnificence de ce spectacle ; mais au moment de voir satisfaire la curiosité qu'il leur avoit toujours inspirée , ils le contemploient avec une nouvelle extase. L'étoile resplendissante de Sirius fut la première qui frappa les yeux de Cyprien. Il voulut savoir son nom ; et quand il l'eut appris :

Mon papa, s'écria-t-il, vive Sirius ! Voilà
une étoile que j'aime ; elle est bien plus
grande que les autres.

ÉMILIE.

Je l'aime aussi d'être la plus brillante.

M. DE GERSEUIL.

Peut-être, mes amis, n'a-t-elle pas en
elle-même plus de grandeur ni d'éclat ;
mais c'est qu'apparemment elle est plus
près de la terre. Rapprochée à la distance
du soleil, elle nous paroîtroit sans doute
aussi grande que lui. C'est encore beaucoup qu'elle soit si sensible à nos regards,
étant au moins deux cent mille fois plus
éloignée

CYPRIEN.

Vous en parlez bien à votre aise, mon
papa. Deux cent mille fois plus loin que le
soleil ! Et comment a-t-on pu s'en assurer ?

M. DE GERSEUIL.

Je ne te cacherai pas que tous les efforts
des astronomes pour mesurer la grosseur
des étoiles, qui nous auroit donné une
idée de leur distance, ont été inutiles ;
mais cette impossibilité même prouveroit
seule un éloignement prodigieux, puisqu'on a su mesurer avec assez de justesse

la grosseur des planètes les plus éloignées,
entr'autres celle de la belle planète de Jupiter, que voici.

CYPRIEN.

Ah! c'est-là Jupiter? Cependant, mon
papa, Sirius paroît plus grand à la simple
vue. Si l'on a pu mesurer la grosseur de
Jupiter, pourquoi ne peut-on pas mesurer
celle de Sirius?

M. DE GERSEUIL.

Avant que je te réponde, fais-moi le
plaisir de regarder d'ici, par la fenêtre entr'ouverte, cette bougie qui brûle dans le
salon. Ne vois-tu pas autour de sa flamme
une lumière confuse qui la grossit?

CYPRIEN.

Il est vrai, mon papa.

ÉMILIE.

Oui, c'est comme le soleil, qui semble
s'agrandir de toute sa couronne de rayons.

M. DE GERSEUIL.

Eh bien, mes amis, les étoiles étant lumineuses par elles-mêmes, comme le soleil et la bougie, elles ont aussi cette irradiation qui nous les fait paroître beaucoup
plus grosses qu'elles ne devroient le paroître réellement, au point qu'on estime que
leur grandeur en est augmentée près de
neuf cents fois.

CYPRIEN.

Ho ho !

M. DE GERSEUIL.

Dites-moi maintenant. Lorsque la lune est dans son plein , et que par conséquent elle reluit avec le plus d'éclat , avez-vous pu remarquer une irradiation semblable autour d'elle ?

ÉMILIE.

Non , jamais. Sa lueur est bien terminée dans toute la largeur de sa face.

CYPRIEN.

On peut le voir de même dans Jupiter.

M. DE GERSEUIL.

D'où vient donc cette différence ?

CYPRIEN.

J'imagine que Jupiter et la lune ne faisant que nous réfléchir une lumière empruntée, cette lumière ne doit pas avoir l'agitation qui règne dans les corps brillant de leurs propres feux.

M. DE GERSEUIL.

C'est à merveille. Ainsi Jupiter n'exagère point son volume ; et si petit que sa distance le fasse paroître , les astronomes auront des instrumens d'une assez juste précision pour le mesurer ; mais les **étoiles** avec cette irradiation trompeuse qui les environne ?....

CYPRIEN.

Est-ce qu'on ne pourroit pas venir à bout de les en dépouiller, pour les voir dans leur exacte grandeur ?

M. DE GERSEUIL.

Voilà précisément l'effet que produit le télescope, en réunissant et concentrant dans un point tous leurs rayons ; mais alors ce point est si peu de chose ! et plus le télescope est parfait, plus ce point, en devenant plus lumineux, devient aussi plus petit, jusques là qu'il ne laisse aucune prise à la mesure.

Mme DE CROISSY.

Mais par quel moyen a-t-on pu au moins établir une comparaison de distances entre le soleil et les étoiles ?

M. DE GERSEUIL.

Ce moyen est très - ingénieux. On connoît, par des règles sûres que je vous expliquerai dans la suite, la grandeur et la distance du soleil. On a calculé tour-à-tour de combien il faudroit le diminuer ou le reculer, pour le faire décroître jusqu'à la petitesse de Sirius. C'est d'après ces calculs qu'on a été forcé d'en conclure l'éloignement prodigieux de cette étoile , qui est cependant la plus proche de nous. La plupart des astronomes jugent même cet éloignement beaucoup plus considérable , parce qu'il est douteux que le meilleur télescope puisse totalement dépouiller une étoile de sa lumière superflue , et nous la montrer seulement de la grandeur réelle qu'elle doit conserver pour nous à cette distance.

CYPRIEN.

Oh! puisque les étoiles sont si éloignées, je n'ai plus tant de peine à croire comme notre ami nous l'a dit , qu'elles soient de véritables soleils. Si elles n'avoient qu'une lumière empruntée , comment les rayons parviendroient-ils jusqu'à nous avec tant d'éclat et de vivacité , après avoir traversé des espaces si immenses ?

M. DE GERSEUIL.

Fort bien , mon fils ; ta réflexion est très-juste. On a démontré qu'on pourroit diminuer plusieurs millions de fois la lumière d'une étoile , en la reculant de nos yeux , sans qu'elle cessât de retenir autant de clarté qu'un papier blanc vu au clair de la lune.

CYPRIEN.

Celles qui nous paroissent si petites ,

c'est donc qu'elles sont encore plus loin que Sirius ?

M. DE GERSEUIL.

Peut-être y a-t-il un aussi grand intervalle entre elles dans la profondeur de l'espace, qu'entre Sirius même et le soleil ?

CYPRIEN, *avec surprise*.

Oh, mon papa !

ÉMILIE.

Elles semblent pourtant placées l'une à côté de l'autre. Il en est même que l'on croiroit doubles en les regardant.

M. DE GERSEUIL.

Je puis vous répondre à tous les deux à la fois par un seul exemple bien familier. Vous avez dû souvent remarquer du pont-royal les lanternes placées le long de la terrasse des Tuileries et du bord de la place de Louis XV. Vous savez qu'elles sont également espacées, et que leurs mèches sont égales ?

CYPRIEN.

Cela doit être.

M. DE GERSEUIL.

Eh bien, mon fils, n'as-tu pas observé que celles de la terrasse des Tuileries, qui étoient les plus proches de toi, paroissoient avoir une lumière plus étendue et plus vive que celles de la place de Louis XV ?

CYPRIEN.

Oui, je me le rappelle.

M. DE GERSEUIL.

Et toi, Émilie, n'aurois-tu pas jugé que celles de la place de Louis XV étoient bien plus près l'une de l'autre que celles de la terrasse des Tuileries ?

ÉMILIE.

Sans doute, j'aurois pu les croire presque sous le même verre.

M. DE GERSEUIL.

Ce n'est pas tout. Supposons qu'entre les deux dernières, vous en eussiez aperçu une semblable qu'on auroit allumée à Chaillot, et qui se trouveroit par conséquent encore une fois plus loin. Vous vous souvenez de ce que nous avons dit avant souper que les objets, dans un certain éloignement, nous paroissent à une égale distance de notre œil, quoiqu'ils soient beaucoup plus reculés les uns que les autres ?

CYPRIEN.

Oh ! nous ne l'avons pas oublié.

M. DE GERSEUIL.

Vous concevrez donc, mes enfans, que la lanterne de Chaillot auroit dû vous paroître rangée dans la file de celles de la

place de Louis XV, et que vous n'auriez
pu la juger plus éloignée que par la petitesse de sa flamme et l'éclat affoibli de ses
rayons.

ÉMILIE.

Vous avez raison, mon oncle ; et cela ca-
dre tout juste avec les grandes et les petites étoiles. Je conçois très-bien à présent
qu'elles peuvent être fort reculées l'une
derrière l'autre, et cependant nous paroître sur la même ligne, mais les unes plus
grandes et plus brillantes, les autres plus
petites et d'une clarté moins vive. Com-
prends-tu cela, Cyprien ?

CYPRIEN, *avec un air avantageux.*

Si je comprends, ma cousine ? Oh ! j'ai
aussi une comparaison qui, sans vanité,
vaut dix millions de fois mieux que celle
de mon papa.

ÉMILIE.

Voilà qui est assez modeste.

CYPRIEN.

Sûrement, car elle peut servir pour tout
notre globe, au lieu que la sienne n'est
bonne, tout au plus, que pour la banlieue
de Paris. Aussi n'ai-je pas été la prendre
sur la terre.

ÉMILIE.

Oui, oui, cela est trop bas pour un génie aussi élevé que le tien. Mais nous, pourrons-nous comprendre cette comparaison céleste ?

CYPRIEN.

Je vais tâcher de la mettre à ta portée. Ces étoiles que l'on voit autour de Jupiter, ne les croiroit-on pas aussi près de nous que lui-même ? Si la lune paroissoit à présent de ce côté, ne croiroit-on pas Jupiter aussi près de nous que la lune ? et s'il y avoit un nuage aux environs de la lune, ne la croiroit-on pas aussi près de nous que le nuage ? Le nuage, la lune, Jupiter et les étoiles nous paroîtroient donc dans le même enfoncement les uns que les autres ? Or sais-tu, ma cousine, qu'il y a une grande différence dans leur éloignement ?

ÉMILIE.

Oui, mon cousin, je le sais, et si bien, que je suis en état de t'apprendre que le plus gros nuage ne paroîtroit pas du tout à la distance de la lune, que la lune ne paroîtroit pas davantage à la distance de Jupiter, et que Jupiter paroîtroit encore moins être à la distance des étoiles.

M. DE GERSEUIL.

A merveille, mes amis. Voilà une petite guerre dont je suis fort content. Les dernières paroles d'Émilie nous ramènent heureusement à ce que nous disions tout-à-l'heure, que les étoiles doivent briller d'une lumière qui leur soit propre, et que cette lumière doit être bien vive, pour parvenir jusqu'à nous d'une distance où Jupiter auroit cessé peut-être mille fois d'être visible à nos regards.

CYPRIEN.

Oh ! je le vois, il n'en faut plus douter, ce sont de véritables soleils.

M. DE GERSEUIL.

Je le crois aussi. Mais ces soleils, pensez-vous qu'ils soient faits pour la terre ?

ÉMILIE.

De quel avantage lui seroient-ils ? Si l'on comptoit sur eux pour mûrir nos raisins, on pourroit bien dire : Adieu paniers, mais c'est que vendanges ne seroient jamais faites.

CYPRIEN.

Il n'y a que leur foible lueur qui puisse nous servir. Encore la lune, du fond d'un nuage, en donne-t-elle cent fois plus.

M. DE GERSEUIL.

D'ailleurs, vous savez qu'il est des étoiles que l'on ne découvre qu'avec le télescope , et celles-là du moins nous seroient inutiles à tous égards. Ainsi donc si ces soleils étoient faits pour nous , ils auroient sans doute été placés autour de la terre aussi près que le nôtre.

CYPRIEN.

O mon papà ! je vous remercie ; nous en avons bien assez d'un. Que vous a donc fait ma petite cousine, pour vouloir ainsi hâler son teint de lis ? La négresse du plus beau jais que l'on connoisse aujourd'hui , ne seroit plus qu'une blonde fade , auprès de ce que deviendroit alors ma pauvre Émilie.

ÉMILIE.

Et ces petits-maîtres , comme mon cousin , qui tendent leur chapeau devant le soleil, au lieu de le mettre tout bonnement sur leur tête , combien de bras et de chapeaux il leur faudroit pour parer de tous les côtés à la fois !

M. DE GERSEUIL.

Mais si tous ces soleils , à la distance où ils sont, ne peuvent nous procurer ni chaleur ni lumière ; si , placés plus près de nous, ils ne servoient, selon vos folles idées, qu'à noircir le teint des dames et à embarrasser la contenance des petits-maîtres, et selon mes craintes, un peu plus graves, à consumer la terre dans un moment ; si, n'en déplaise encore à certains philosophes, ils ne sont pas faits uniquement pour réjouir nos regards, est-ce qu'ils seroient répandus pour rien, avec une profusion si magnifique, dans l'univers ?

ÉMILIE.

C'est précisément ce qui m'intrigue.

CYPRIEN.

Voyons un peu à nous raviser. Puisque le soleil n'est fait que pour fournir de la lumière et de la chaleur aux planètes, si les étoiles sont des soleils, elles doivent avoir aussi des planètes à échauffer et à éclairer.

M. DE GERSEUIL.

Voilà ce que j'appelle de la philosophie.

CYPRIEN, *d'un ton badin.*

Vois-tu, ma cousine ?

ÉMILIE.

Mais, mon oncle, est-ce que nous donnerions des planètes à tous ces soleils ?

M. DE GERSEUIL.

Si telle est la destination de chacun d'eux

23

en particulier, tu sens que ce doit être l'emploi de tous en général.

CYPRIEN.

Sans doute. Que ferions-nous de ceux
qui ne serviroient à rien? C'est comme si,
dans les grands froids, le gouvernement
faisoit allumer des feux dans une place,
avec défense d'en approcher.

M DE GERSEUIL.

Ou bien des lanternes dans une rue fermée où il ne passeroit personne, et seulement pour donner une perspective d'illumination aux gens des quartiers voisins.

CYPRIEN.

Allons, mon papa, de l'ordre. Point de
soleil sans planètes; mais à condition toutefois qu'il n'y ait pas de planètes sans soleil.

M. DE GERSEUIL.

Va, mon ami, si la sagesse du Créateur
n'a pas fait un seul soleil inutile....

ÉMILIE.

Oui, j'entends; sa bonté n'aura pas laissé une seule planète malheureuse. Me voilà tranquille à présent.

CYPRIEN.

Je le suis aussi. Je vois que tout s'ar-
range à merveille. Notre soleil a des pla-

nètes qui roulent autour de lui, tandis
qu'elles font rouler leurs satellites autour
d'elles; eh bien, si mon ami Sirius est un
soleil, il fait aussi rouler autour de lui ses
planètes accompagnées de leurs satellites;
et il n'y aura pas d'autre soleil qui n'en
fasse autant.

ÉMILIE.

Je me garderai bien de vous demander
pourquoi nous voyons les soleils sans apercevoir les planètes ; je me souviens encore
de la lampe et du château.

CYPRIEN.

Ta mémoire me sert fort à propos; me
voilà un peu vengé. Si nous leur sommes
invisibles, nous ne leur ferons pas l'hon-
neur de les voir. Fort bien ; ne vous dé-
couvrez pas, je n'aurai pas de salut à vous
rendre.

M. DE GERSEUIL.

Je ne te croyois pas si pointilleux sur le
cérémonial.

ÉMILIE, en s'inclinant.

Oh bien, moi, je vais risquer une petite
révérence.

CYPRIEN.

Que fais-tu, ma cousine ? C'est eux qui
nous devroient la première, pour les avoir
si bien accommodés

M. DE GERSEUIL.

En effet, convenez que nous avons été
bien avisé de nous assurer d'abord que
ces soleils, qui nous semblent si près l'un
de l'autre, sont néanmoins entre eux à
des distances prodigieuses. Leurs mondes
ont besoin d'être à l'aise. Vous sentez quel
espace il faut pour les grands mouvemens
d'un système solaire.

CYPRIEN.

Il nous est aisé d'en juger par le nôtre.

M. DE GERSEUIL.

C'est le meilleur objet de comparaison.
Mais as-tu bien saisi toute son étendue, et
n'en es-tu pas épouvanté ?

CYPRIEN.

Moi, mon papa ? oh que non ! Depuis
que vous m'avez parlé de la distance infinie des étoiles, je ne suis pas plus effrayé
d'aller au bout de l'empire du soleil, que
l'intrépide Cook, après avoir fait le tour
de la terre, ne l'auroit été de faire un
voyage sur la galiote de Paris à Saint-Cloud.

M. DE GERSEUIL.

Je crains fort qu'Émilie n'ait pas une allure aussi déterminée.

CYPRIEN.

Oh, ma petite cousine ! elle tient trop

à la terre, pour se hasarder si loin dans les cieux.

ÉMILIE.

Oui-da, mon cousin. N'ai-je pas lu comme toi que la planète d'Herschell est à six cent cinquante millions de lieues du soleil ? Il est vrai que c'est la dernière.

CYPRIEN.

Bon, ma pauvre marcheuse ; si tu plantes là ta colonne, je puis te faire voir encore bien du pays.

ÉMILIE.

Et comment, s'il te plaît ?

CYPRIEN.

Jupiter et Saturne n'ont-ils pas des satellites ou des lunes qui les éclairent d'une lumière empruntée du soleil, pour suppléer à la foible clarté qu'ils peuvent recevoir de cet astre? Herschell en est beaucoup plus éloigné. Il est donc vraisemblable qu'il a aussi des satellites que nous ne connoissons pas encore, et en plus grand nombre peut-être ; et lorsque le dernier de ces satellites se trouve derrière sa planète, n'est-il pas reculé à une plus grande profondeur dans l'espace ? Me voilà pour le coup aux bornes de notre monde

M. DE CERSEUIL.

Hélas! mon cher ami, je crains de trou
bler ta gloire, mais tu en es bien loin en
core.

CYPRIEN.

Et que voyez-vous au delà du poste où
je me suis avancé?

M. DE GERSEUIL.

D'autres planètes peut-être, qui nous
sont inconnues. Mais ne parlons que de ce
qui est découvert (1).

CYPRIEN.

Ah! voyons, voyons, je vous prie.

M. DE GERSEUIL.

As-tu donc oublié ces comètes, dont la
révolution autour du soleil est de plusieurs
siècles?

CYPRIEN.

Vraiment oui; je n'y pensois plus.

M. DE GERSEUIL.

Je ne veux pas te citer celle de 1769, à
qui l'on donne une période d'environ cinq
cents ans; encore moins celle de 1680, à
qui l'on en suppose une de cinq cent soixan-

---

(1) Dans ces dernières années, deux savans astronomes, nommés Razzi et Olbers, ont découvert deux
planètes non observées jusqu'à ce jour; et qui sait combien on parviendra à en découvrir encore?

te-quinze. Ne parlons que de celle qui fut observée pour la première fois en 1264, qui reparut en 1556, qu'on attend en 1848, et dont la période est par conséquent de deux cent quatre - vingt - douze années.

CYPRIEN.

C'est bien assez, je crois.

M. DE GERSEUIL.

Du point où elle se trouve le plus près du soleil à chacune de ces époques, faisons-la partir pour sa révolution de près de trois siècles, et partageons ce nombre en deux, moitiée pour son éloignement, moitié pour son retour. Voilà donc près d'un siècle et demi que cette comète emploie à s'écarter du soleil.

CYPRIEN.

Oh, c'est clair, puisqu'Herschell ne met que quatre-vingt-deux ans à faire sa révolution ; la différence est grande.

M. DE GERSEUIL

Plus que tu ne penses encore ; car le mouvement des comètes ne se fait pas, comme celui des planètes, dans une ellipse peu différente d'un cercle parfait, ce qui les tiendroit à une distance presque toujours égale du soleil. Il se fait dans une

ellipse excessivement allongée, ce qui augmente à chaque instant leur éloignement,
jusqu'à ce qu'elles atteignent le point de
leur courbure, d'où le soleil les force de
remonter vers lui par la branche opposée;
mais à ce point si reculé, où elles cèdent
pourtant à la puissance que le soleil exerce
toujours sur elles, elles doivent se trouver
bien plus loin encore des soleils des mondes voisins, car autrement le plus proche
les forceroit d'entrer dans son empire. A
cette distance à laquelle notre comète
n'est parvenue qu'au bout de près d'un
siècle et demi, il faut donc qu'elle laisse
encore derrière elle un espace immense
désert, pour servir de frontière entre le
système dont elle dépend, et celui qui l'avoisine de ce côté. Rapporte cette mesure
à tous les autres mondes, et conçois, si
tu l'oses, quelle doit être l'immensité de
chacun d'eux.

Mme DE CROISSY.

Mais, mon frère, est-ce que vous les
croyez tous aussi grands que le nôtre?

M. DE GERSEUIL.

Rappelez un peu votre philosophie, ma
sœur. De quel front l'homme prétendroitil que l'empire de son soleil fût le plus
vaste, lorsqu'il n'en habite lui-même

qu'une des moindres provinces? La marche de son orgueil est assez singulière. Tant qu'il a cru tous les corps célestes faits pour lui seul , il a cherché de siècle en siècle à les agrandir : aujourd'hui que l'astronomie démontre qu'ils lui sont étrangers , il n'aspire qu'à resserrer leur étendue.

Mme DE CROISSY.

Je ne puis rien ôpposer à votre raisonnement; mais cette immensité me confond , et peut-être allez-vous m'accabler encore. Combien comptez-vous d'étoiles ?

M. DE GERSEUIL.

Les observateurs les plus sûrs et les plus scrupuleux en ont compté plus de trois mille dans notre hémisphère , et dix mille dans l'hémisphère opposé.

Mme DE CROISSY.

Grand Dieu ! treize mille soleils, treize mille mondes dans l'univers!

M. DE GERSEUIL.

Et les étoiles que l'on entrevoit à peine avec le télescope ! celles que cet instrument perfectionné nous feroit encore découvrir ! les milliers qui se trouvent comprises dans ces petits nuages que vous voyez , auxquelles on a donné le nom de Nébuleuses, et dans ceux que l'on ne découvre qu'à l'aide des instrumens ! les millions qui sont renfermées dans la voie lactée ! Je conçois que l'imagination soit épouvantée de ce calcul. A l'aspect d'une haute montagne, l'homme ne peut se défendre d'un secret saisissement ; la pensée de l'étendue de la terre le fait frémir ; l'Océan et ses profondeurs le glacent d'effroi ; cependant qu'est ce globe entier auprès de la masse brûlante du soleil, quatorze cent mille fois plus grande ? Et l'étendue occupée par cet astre si volumineux, que sera-t-elle en comparaison de l'espace où nagent les corps soumis à son empire ? Mais tandis qu'il fait circuler autour de lui ses planètes entourées de leurs satellites, s'il étoit emporté lui-même avec d'autres soleils, suivis, comme lui, de leur cortége, autour d'un autre corps plus puissant qu'eux tous à la fois ?

Mme DE CROISSY.

Quoi, mon frère, notre soleil, et ceux de tous ces mondes, ne seroient aussi que des planètes errantes à travers les cieux ? Ne craignez-vous pas que votre imagination ne soit la seule en mouvement de tous ces voyages ?

M. DE GERSEUIL.

Et que diriez-vous, si cette conjecture

proposée par Halley , digne précurseur du grand Newton , soutenue par M. Lambert l'un des plus grands géomètres de ce siècle , étoit devenue l'opinion de ce que nous avons aujourd'hui d'astronomes les plus distingués , tels que MM. de la Lande et Bailly , et du sage , profond et religieux contemplateur de la nature , M. Bonnet de Genève ?

Mme DE CROISSY.

De si grands noms m'en imposent sans doute ; mais sur quels fondemens cette idée seroit-elle établie ?

M. DE GERSEUIL.

Le mouvement de rotation qu'on a reconnu dans le soleil , suffiroit seul pour la rendre vraisemblable. La nature a imprimé ce mouvement à tous les corps transportés dans une orbite autour d'un corps plus puissant qui les maîtrise. Elle l'a donné aux satellites, en les faisant circuler autour de leurs planètes ; elle l'a donné aux planètes en les faisant circuler autour du soleil : toujours simple, uniforme et constante dans ses grandes lois , l'auroit-elle donné au soleil pour rester immobile ? Toutes les planètes tournent sur elles-mêmes dans le mouvement qui les emporte autour de lui , pour en recevoir successi-

vement la chaleur dans toutes leurs parties ; or , puisqu'il tourne aussi sur lui-mé-
me , ne seroit-ce pas en marchant autour
d'un autre corps supérieur ?

Mme DE CROISSY.

Ces conjectures me paroissent assez naturelles et assez importantes pour désirer
qu'elles fussent appuyées sur quelque observation

M. DE GERSEUIL.

Eh bien , soyez satisfaite. Il est déjà trois
des plus grandes étoiles, Sirius , Arcturus
et Aldébaran , dont le mouvement dans
l'espace est constaté. Il est très-sûr qu'Arcturus s'avance toutes les années de plus de
quatre-vingt-dix millions de lieues vers le
midi. Dans l'éloignement prodigieux où
sont ces étoiles les plus proches de la terre,
leur déplacement est à peine sensible au
bout de quelques années ; jugez si les autres, infiniment plus distantes , ne peuvent
pas avoir un mouvement aussi considérable, sans qu'il soit sensible pour nous avant
des siècles entiers d'observation.

Mme DE CROISSY.

Puisque le mouvement de ces grandes
étoiles est si certain , je n'ai rien à vous
opposer sur ce sujet. Je conçois même ,
d'après votre réflexion , que les plus peti-

tes pourroient se mouvoir, sans que ce déplacement fût remarquable de long-temps
à nos yeux, à cause de leur inconcevable
distance. Mais n'est-ce pas assez, pour
vous satisfaire sur l'immensité de l'univers,
que certaines étoiles soient emportées dans
une orbite dont l'imagination ne peut se
représenter l'étendue ? Voulez-vous encore
troubler le repos des autres ?

M. DE GERSEUIL.

C'est qu'il m'en coûteroit davantage
d'outrager la nature. Pour reconnoître sa
sagesse, vous avez été forcée de convenir
que si les étoiles sont des soleils comme
le nôtre, et que l'une d'elles ait, comme
lui, un monde planétaire à gouverner,
toutes les autres doivent avoir les mêmes
fonctions à remplir : ne l'accuseriez-vous
pas maintenant d'une inconséquence bien
étrange, en donnant le mouvement à quelques étoiles, tandis que les autres, avec la
même destination, resteroient immobiles ?
Mais prenez-y garde, ma sœur, le repos
que vous accordez à celles-ci par foiblesse, est une destruction violente dont vous
les frappez.

Mme DE CROISSY.

Vous m'effrayez, mon frère.

24

M. DE GERSEUIL.

Au milieu de tous ces soleils arrêtés **dans** une immobilité absolue , n'en supposons qu'un seul en mouvement. Tel qu'un conquérant qui traverse sans désordre ses propres états , en marchant à des dévastations étrangères , il s'avance d'abord paisiblement dans son empire ; mais aux premières bornes du monde voisin qu'il rencontre , voyez-le engloutir dans sa masse de feu toutes les planètes de ce système, à mesure qu'il y pénètre , et courir bientôt dévorer sur son trône immobile ce soleil même qu'il vient de dépouiller. Dès lors l'équilibre de la machine universelle est détruit. Ces systèmes qui se balançoient par l'égalité de leurs forces, comment pourront-ils résister à l'usurpateur , accru d'un monde envahi , et poussé d'une impétuosité nouvelle dans sa course ? Comme un brasier ardent attire la paille légère , il voit les mondes qui bordent son passage se précipiter en foule dans le torrent de ses flammes. Il marche d'embrasemens en embrasemens , foyer errant du grand incendie de l'univers.

Mme DE CROISSY.

Oh ! je vous en conjure , hâtez-vous de rendre le mouvement à tous ces soleils , que

vouloit arrêter ma folie. Surtout ne ména-
geons pas la course du nôtre. Qu'il fuie le
désastre épouvantable où je l'exposois. Hélas ! je tremble maintenant que ses pas ne
soient trop ralentis par le grand attirail de
son cortége.

M. DE GERSEUIL.

Tranquillisez-vous , ma sœur. Sa force
est proportionnée à la masse des corps qu'il
entraîne. La terre, soixante fois seulement
plus grosse que la lune, la contraint bien
de la suivre ; Saturne fait bien marcher
avec lui son anneau et ses satellites ; Jupiter est-il jamais abandonné des siens ? Si
ces planètes , par leur masse dominante ,
obligent les corps de leur suite de les accompagner dans leur révolution autour du
soleil , avec une masse beaucoup plus considérable que celle de toutes les comètes ,
de toutes les planètes , et de tous leurs satellites ensemble, ne saura-t-il pas les emporter avec lui tous à la fois autour de
l'astre assez puissant pour le dominer ?

Mme DE CROISSY.

Ainsi le maître de tant d'esclaves ne seroit qu'un esclave à son tour ?

M. DE GERSEUIL.

Quelque mouvement que vous lui don-

niez dans l'espace , il faut nécessairement
que ce soit autour d'un corps supérieur ,
centre de son orbite , comme il est lui-
même le centre des orbites de tous les corps
soumis à sa domination. C'est une loi invariable que la nature a suivie dans tout
le système de l'univers. Les comètes , ces
astres dont le cours est le plus irrégulier ,
selon nos idées , y sont soumises dans leurs
plus grands écarts. En marchant sur une
ligne presque droite vers l'extrémité de leur
ellipse , elles suivent toujours une orbite
qui leur est tracée autour du soleil.

Mme DE CROISSY.

Quoi donc ! pour chaque soleil auroit-il
fallu créer un corps supérieur, autour du
quel se fît sa révolution ?

M. DE GERSEUIL.

La nature a plus de ressources dans ses
moyens. Plusieurs planètes , avec leurs sa
tellites , circulent autour du même soleil ;
plusieurs soleils, avec leurs planètes , circuleront autour du même corps supérieur; plusieurs corps supérieurs , avec leurs soleils ,
circuleront autour d'autres corps supérieurs encore. Cette gradation de systèmes
de corps supérieurs croissant toujours en
volume, et décroissant en nombre, ira se
terminer au corps central universel , sur

lequel sans doute repose le trône de l'Être
suprême, qui, d'un regard, embrasse tout
son admirable ouvrage.

Mme DE CROISSY.

Mais avec cette inconcevable multipli-
cité de mouvemens et d'orbites, comment
préviendrez-vous le désordre ?

M. DE GERSEUIL.

Comme cet amiral qui conduisoit la flotte
la plus nombreuse qu'eût jamais portée
l'Océan. Elle étoit formée de trois divisions,
composées chacune de plusieurs vaisseaux
de ligne, d'une quantité prodigieuse de
frégates, et d'un nombre infini de navires
marchands, avec leurs chaloupes. Il voulut un jour leur faire exécuter une évolution générale. Il ordonna à ses trois vices-
amiraux de marcher en un grand cercle
autour de lui sur leurs vaisseaux de com-
mandement. Chacun de ces vices-amiraux
donna le même ordre à tous les vaisseaux
de ligne de sa division, chaque vaisseau de
ligne à plusieurs frégates, chaque frégate
à plusieurs navires marchands, et chaque
navire marchand à toutes ses chaloupes.
Ils prirent un espace assez vaste pour pouvoir exécuter librement ces manœuvres,
et elles se firent avec la précision la plus
rigoureuse. Cette évolution paroissoit sans

doute bien compliquée aux derniers navires. Ils devoient n'apercevoir que des mouvemens bizarres et confus à travers tous
ces corps flottans. Vous voyez toutefois
qu'elle étoit de la plus extrême simplicité.
L'amiral n'avoit eu besoin que d'un seul
ordre, d'un signal unique. Les chaloupes
n'avoient qu'à marcher à diverses distances autour de chacun des navires marchands dont elles dépendoient, tandis que
plusieurs navires marchands circuleroient
autour de chaque frégate, plusieurs frégates autour de chaque vaisseau de ligne,
les vaisseaux de ligne autour de chacun des
vices-amiraux de leur division, et ceux-ci
enfin autour du grand amiral.

Mme DE CROISSY.

Cette comparaison débrouille à mes yeux
tout le système de l'univers. Mais comment
concevoir cette gradation de corps plus
puissans les uns que les autres, dont le
volume énorme du soleil ne seroit que le
terme moyen ?

M. DE GERSEUIL.

Votre imagination n'a-t-elle pas déjà fait
un effort plus courageux, en s'élevant à
l'immensité du soleil même, incontesta-
blement reconnue aujourd'hui ? Cet astre,
que les anciens croyoient moindre que la

lune, et infiniment plus petit que la terre,
cet astre pourroit former plus de quatorze
cent mille globes de la terre, ou plus de
quatre-vingt millions de globes de la lune.
Quelle progression de grandeurs peut maintenant vous arrêter ? Si chaque nouvelle
erreur dont l'homme se désabuse, éclaire
son intelligence ; si chaque nouveau degré
de foiblesse qu'il surprend dans ses organes, agrandit son génie, pourquoi crain-
droit-il de donner un plus noble essor à
son génie et à son intelligence ? Avant l'u-
sage du microscope, ne bornoit-il pas la
nature animée au dernier insecte que ses
yeux lui permettoient d'apercevoir ? Aujourd'hui, combien de millions de créatures il aperçoit encore au-dessous de cet
insecte ? Une goutte d'eau préparée, dont
rien ne semble altérer la transparence, lui
montre une mer peuplée de ses baleines :
une parcelle de fruit moisie lui présente,
pour ses habitans, une montagne couverte
de forêts, comme l'est pour nous l'Apen-
nin, qui va cacher son front dans les nuages. Il voit ces petits animaux dont il étoit
si loin de soupçonner l'existence, en dévorer d'autres plus petits ; il les voit pourvus
d'organes propres à tous leurs besoins,
chargés de milliers d'œufs prêts à éclore,

pour entretenir une prodigieuse popula-
tion. Frappé de surprise à cet aspect, si le
microscope lui échappe des mains, qu'il
prenne le télescope, et qu'il découvre, pour
la première fois dans les cieux, une foule
innombrable d'étoiles inconnues, derrière
lesquelles il s'en dérobe encore un nombre
mille fois plus grand, qu'il ne verra jamais.
De quel côté oseroit-il maintenant, dans son
audace, limiter la création ? Si le temps
est sans fin pour l'éternel, pourquoi l'espace et la matière auroient-ils des bornes
pour le Tout-Puissant ? L'un est-il moins digne que l'autre de sa gloire. Les siècles que
peuvent embrasser nos calculs, ne sont
peut-être à la durée de l'éternité, que ce
que les espaces occupés par ces millions de
mondes que nous pouvons entrevoir, sont
à l'étendue de l'infini.

Mme DE CROISSY.

O mon frère, quelle sublime idée vous
me faites concevoir de l'Être-suprême !

M. DE GERSEUIL.

Vous n'avez pu encore admirer que sa
puissance dans le nombre et la grandeur
de ces corps prodigieux qui peuplent l'u-
nivers ; mais quelle sagesse bien plus admirable il a fait éclater dans l'équilibre où
les maintient l'accord immortel de leurs

mouvemens ! Jetez d'abord les yeux sur
notre système solaire. Outre les sept planètes et leurs satellites qui le parcourent
sans cesse dans un ordre immuable, voyez-
y circuler en tous sens plus de soixante
comètes, dont les pas ténébreux sont marqués. Combien il en circule infiniment davantage, que nous n'avons pas encore observées ! La géométrie démontre que par
la forme de leurs orbites, un million de ces
corps peut se mouvoir autour du soleil ,
sans que leurs cours s'embarrasse. Élancez-
vous maintenant sur les ailes de la pensée ; traversez tous ces mondes , où règne
intérieurement la même harmonie ; allez
vous prosterner au pied du trône du Créateur , pour assister à leur marche universelle : cette noble audace est un hommage
que vous rendez à sa gloire. Un rayon
de son œil va vous éclairer. O le magnifique spectacle qui se dévoile tout-à-coup
à vos regards! Ces étoiles qui ne vous paroissoient d'ici-bas que des flambeaux
immobiles, les voyez-vous , comme des soleils dans toute leur grandeur, s'avancer
en silence, suivis de leur cortége planétaire
autour de soleils plus puissans, qui les
emportent autour d'autres soleils encore
plus glorieux ? Quelles justes proportions

entre ces provinces, ces empires et ces mondes célestes, quelle majesté de domination, et même de dépendance ! comme tous ces orbes s'embrassent sans se confondre ! Quelle sera donc la chaîne invisible assez forte pour lier toutes ces parties d'un tout infini ? Le grand Newton nous l'a révélée. C'est un seul principe de tendance mutuelle que le Créateur répandit dans tous ces corps. Combiné avec l'impulsion qu'ils reçurent une fois pour toujours en sortant de ses mains, réglé par le rapport de masses et de distances, il est l'agent universel de la nature. C'est lui qui tend à réunir tout ce que le mouvement voudroit séparer. En se balançant dans l'exercice perpétuel de leurs forces, ces deux puissances conservent entre les mondes l'ordre établi dès la création. Chacun d'eux attire à lui tous les autres, ainsi qu'il en est attiré. Une correspondance générale d'attractions réciproques les unit en les divisant. Leurs sphères s'étayent, sans se pénétrer. Les soleils qui les illuminent se réfléchissent leurs rayons, pour qu'un seul atome de lumière ne soit pas en vain dissipé dans l'espace. Il semble que l'Éternel ait voulu tracer dans cette même loi le plus grand principe de la morale hu-

maine. « Mortels, aidez-vous mutuelle-
ment de vos lumières et de vos forces,
tendez les uns vers les autres, sans vous
écarter de la sphère où vous a placés ma
providence. Cet ordre est établi pour votre
bonheur, comme pour le maintien de
l'univers. »

Les deux enfans n'avoient pas laissé
échapper une seule parole pendant la dernière partie de cet entretien ; mais leur
silence n'étoit pas une distraction : il étoit
l'effet de l'impression de surprise dont ils
avoient été frappés, et de l'attention qu'ils
avoient donnée au magnifique tableau
qu'on venoit de leur offrir. M. de Gerseuil
craignit cependant que la rapidité de son
discours n'eût fait perdre quelque chose
à leur intelligence ; et dès le lendemain
en se levant, il écrivit de mémoire les
deux entretiens de la veille, et les donna
à Emilie et Cyprien, qui les lurent et re-
lurent souvent avec la plus grande attention.

FIN.

TABLE.

Iɴᴛʀᴏᴅᴜᴄᴛɪᴏɴ familière à la connoissance de la nature. *page* 5
La Prairie. 7
Le Champ de Blé. 10
La Vigne. 17
Les Légumes et les Herbages. 19
Le Chanvre et le Lin. 20
Le Coton. 21
Les Haies. 22
Les arbres de haute futaie. 24
Les Bois taillis. 27
Le Verger. 28
Les Pépinières et la Greffe. 31
Les Fleurs. 32
Les Carrières. 36
Les Mines de Charbon et de Sel. 37
Les Mines de Métaux. 39
Les Mines de Pierres précieuses. 41
Les Bœufs. 42
Les Brebis. 46
Le Cheval. 49
L'Ane. 52
Le Chien. 54
Le Cerf. 55
Le Chat. 57
L'Éléphant. 60
Le Chameau. 61
La Poule. 62

Le Paon, le Coq-d'inde, le Faisan, le Pigeon, *page* 69
Le Cigne, l'Oie, le Canard.   70
Les Oiseaux de passage.   72
Les Oiseaux étrangers.   73
Le Colibri.   *Ibid*
L'Autruche.   78
Les Nids d'Oiseaux.   81
Les Abeilles.   86
Les Papillons, les Chenilles et les Vers à soie.   93
La Terre.   101
La Mer.   103
Les Poissons.   123
La Baleine.   124
La Morue.   126
Le Hareng   128
L'Huître.   132
La Moule.   138
Le Nautile.   139
La Tortue.   140
Les Coquillages.   147
Plantes marines.   152
Le Corai.l   153
Le Soleil.   157
La Lune.   182
Les Éclipses.   186
Les Planètes.   189
Les Comètes.   196
Les Étoiles fixes.   202
Le Système du Monde mis à la portéc de l'Adoles-
    cence.   213
Premier Entretien.   221
Deuxième Entretien.   251

FIN DE LA TABLE.